Hiyaku: An Intermediate Japanese Course provides a progressive intermediate course in Japanese, incorporating modern teaching methods and practicing all four language skills. *Hiyaku* provides content-based instruction, with authentic and semi-authentic dialogues and readings, all carefully selected to instruct and inspire students as they learn Japanese.

Key features of the textbook include:

- highly structured chapters, beginning with warm-up exercises followed by focused practice of each of the four skills
- gradual introduction to increasingly authentic materials
- content taken from original Japanese sources such as movies, books, television, magazines and newspapers
- extensive audio material provided as FREE MP3 files on a companion website
- instructor's materials, including PowerPoint presentations provided through the companion site.

Hiyaku does not simply teach language and basic cultural points: it also helps students to gain a holistic understanding of Japanese society and history, and provides the necessary foundation for the advanced study of Japan and its language.

Shigeru Eguchi is the Administrative Director of the Summer MA Program in Japanese Pedagogy at Columbia University.

Fumiko Nazikian is the Director of the Japanese Language Program at Columbia University.

Miharu Nittono is a senior instructor of Japanese at Columbia University.

Keiko Okamoto has taught Japanese at Columbia University since 2002.

Jisuk Park has taught Japanese at Columbia University since 2002.

ひやく
『飛躍』

Hiyaku:
An Intermediate Japanese Course

Shigeru Eguchi, Fumiko Nazikian,
Miharu Nittono, Keiko Okamoto
and Jisuk Park

LONDON AND NEW YORK

First edition published 2011 by Routledge
2 Park Square, Milton Park, Abingdon, OX14 4RN

Simultaneously published in the USA and Canada by Routledge
711 Third Avenue, New York, NY 10016

Routledge is an imprint of the Taylor & Francis Group, an informa business

Typeset in Times New Roman & Kozuka Mincho Pro
by Graphicraft Limited, Hong Kong

British Library Cataloguing in Publication Data
A catalogue record for this book is available from the British Library

Library of Congress Cataloging in Publication Data
A catalog record for this book has been requested

ISBN 13: 978-0-415-77747-6 (hbk)
ISBN 13: 978-0-415-60897-8 (pbk)

目次

Acknowledgements vi
To the student vii
本書について/About the book viii

復習 1
第一課　行事 13
第二課　敬語 39
第三課　気候 65
第四課　昔話 95
第五課　言葉と文化 125
第六課　詩 151
第七課　食文化 179
第八課　歴史 205

漢字リスト 229
漢字練習シート 230
語彙索引 255
文法項目リスト 260
あとがき 262
参考文献 264

Acknowledgements

The *Hiyaku* project has been supported by the Shirato Fund of the Donald Keene Center and the Department of East Asian Languages and Cultures at Columbia University. We would like to express our gratitude to Professor Gregory Pflugfelder, the Faculty Director of the Donald Keene Center, and Professor Robert Hymes, the Chair of the EALAC, for giving us the opportunity to undertake this project.

Our former colleagues of the Japanese language program inspired us to commence this project. We are especially obliged to Ms. Keiko Chevray, the former director of the Japanese language program, and to Ms. Mary Hue, the former senior lecturer of Japanese, for their support and encouragement.

We are also grateful to Ms. Mao Nakai, Ms. Hiromi Noguchi, Mr. Geoffrey Sant, Ms. Kumiko Shimme, Ms. Yurika Sugimoto, Ms. MaryAnn Triest, Ms. Ai Mizoguchi and Mr. Edson Wang for preparing kanji lists and proofreading the manuscript.

To the student

The Japanese word "*Hiyaku*" literally means "a great leap," and it is often used to refer to a huge jump in ability or skill. *Hiyaku* is the outgrowth of the Columbia University Japanese Program's own private textbook, created and revised yearly according to the specific needs of students.

Hiyaku provides authentic/semi-authentic materials, as well as content-based instruction. The book aims to help students gain a holistic understanding of Japanese society and history, and it aims to prepare them for advanced research and study of Japanese language and culture. *Hiyaku* consists of nine chapters including the review chapter. Chapters follow a set structure: they begin with a warm-up exercise followed by focused practice for each of the four language skills – reading, writing, speaking, and listening.

Ready to study with *Hiyaku*? Let's start!

May 2011

Shigeru Eguchi
Fumiko Nazikian
Miharu Nittono
Keiko Okamoto
Jisuk Park

本書について

1. 対象レベル

本書は、一般に初級レベル及び中級レベル前半で導入される文法項目と350字程度の漢字を履修した学習者を対象としており、米国コロンビア大学の場合、二年生秋学期終了者（225時間履修）に当たります。

2. ねらい

四技能（話す・聞く・読む・書く）全てにおいて、ACTFL (American Council of Teaching Foreign Languages) ガイドラインの中級の中のレベルから上級レベルに到達することを目標としています*。

3. 特徴

本書の特徴は以下の通りです。

- 一般的に、初級では話すことと聞くこと、そして中上級になるにつれ読み書きの技能の向上に重点が置かれがちであるが、本書では上級への移行が四技能においてバランスよく行われることを考慮した。
- 四技能に関して現実的な状況やコンテキストを考え、学習者にとって役に立つ実践的なタスクを取り入れた。
- 読み物は生教材、またはそれをやさしく書き直したもの（ニュースレター、ブログ、レポート、歴史書、新聞投書など）を使用した。また、このレベルにふさわしく、かつ学習者が興味を持てるような内容のものを選んだ。

* ACTFL Proficiency Guidelines http://www.sil.org/lingualinks/languagelearning/OtherResources/ACTFLProficiencyGuidelines/contents.htm

- 書く作業は、語彙や文法の練習のためだけの作業にならないよう、現実的なコンテキストを考え、書く目的（何のために書くのか、誰が読むのか）をはっきりさせた。また、書くプロセスに注意し、ステップごとに学習できるように心がけた。
- 楽しみながら日本語、日本文化に接することができるよう、各課のトピックに関連した「楽しみましょう」というアクティビティーを加えた。
- 深い思考力、分析力を養うため、米国ナショナルスタンダーズの５Cに基づき、言語面だけではなく、文化面の比較をするタスクを取り入れた。

４．本書の構成

本書は全九課（復習の課と八課）から成り、一課につき8〜10時間程度で終了できるように構成されています。復習の課は本書の第一課を始める前の準備にあてる目的で作られています。

各課（復習の課を除く）は七つの学習作業から成っています。

（例）第一課　行事

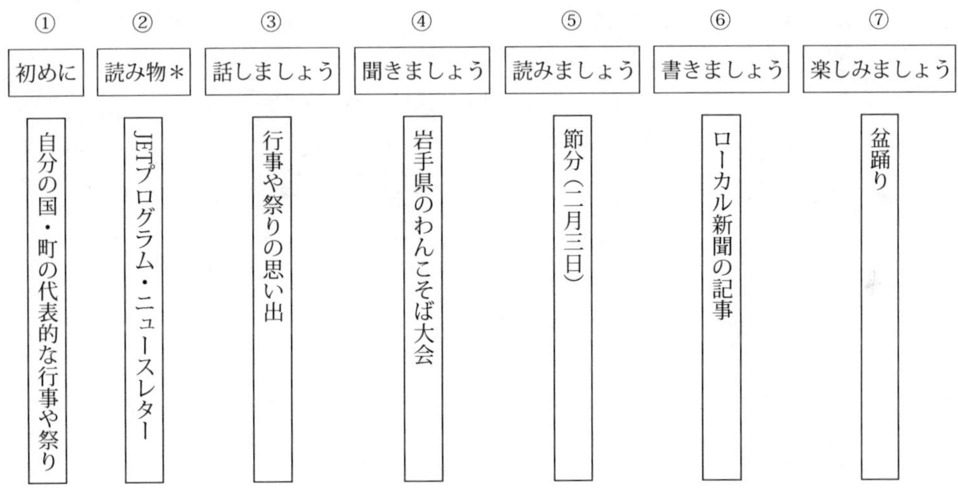

＊読み物の構成

本文

学習者がわからない漢字の読み方を容易に確認できるように、右側のページに全ての漢字にふりがなを付けたものを用意しました。

内容質問

質問A（内容に関する質問）と質問B（指示語、修飾語等に関する質問）から構成されています。

語彙リスト

各語にはその読み方とアクセント記号が示してあります。また、動詞にはその使い方を示す例文が載せてあります。

▲ 意味がわかれば いい言葉

行		語彙	読み	意味
		行事	ぎょうじ	an event
		簡単（な）	かんたん（な）	simple; brief
		祝う	いわう	to celebrate (Vt/-u) 例：卒業を祝う
		神社	じんじゃ	a Shinto shrine
	▲	年賀状	ねんがじょう	a New Year's card
		過ごす	すごす	to spend (Vt/-u) 例：夏休みを過ごす

なお、語彙リストで用いられている略語の意味は以下の通りです。
Vi = intransitive verb
Vt = transitive verb
-u = u-verb
-ru = ru-verb
Irr = irregular verb

漢字リスト

日本語能力試験N３を中心に、中級レベルで必要とされる１９３字（一課につき20～25字）を選びました。

文法ノート

読み物の中で使われている文法の説明と例文、及び練習問題から成っています。文法の説明では、以下の略語を使用しています。

N = noun
Adj. = adjective
いAdj. = ***i***-type adjective
なAdj. = ***na***-type adjective
V = verb
Vて = ***te***-form of verb
Vた = verb plain past affirmative
V stem = verb form before ***-masu***

5. 表記

ふりがな表記は、以下の基準に基づいています。

(1) 地名、人名、及び▲（意味がわかればいい言葉）にはふりがなが付いている。
(2) 日本語能力試験のN5～N4の漢字に、中級前半レベルまでに既習とみなされる漢字を加えた計330の漢字には、原則としてふりがなは付いていない。
(3) その課とその課までに習った漢字にはふりがなは付いていない。
(4) 読み物本文と内容質問、及び『読みましょう』では、（３）に加えてその課とその課までに習った新出語彙にもふりがなは付いていない。

6. その他

漢字練習シート

漢字の読み方に関しては、「訓読み」はひらがな、「音読み」はカタカナで表記されています。なお、漢字シートには、原則として各漢字の全ての読み方ではなく、本書で扱われている語彙の読み方のみ載せています。

（例）

的		加		参		祭		皆	
テキ	的	カ くわ(える)	加	サン まい(る)	参	まつ(り)	祭	みな	皆
代表的 だいひょうてき	target (suffix to make na-adj.)	参加 さんか	festival	参加 さんか 参る まいる	participate go come	祭り まつり	festival	皆 みな 皆さん	all everybody

音声・動画ファイル

本書の中の 🎧 マークは、音声・動画ファイルがあることを示しています。オンライン副教材は以下のウェブサイトからダウンロードできます。

URL：http//www.routledge.com/textbooks/978041577747

パワーポイントファイル

補助教材として、パワーポイントファイルも同じウェブサイトからダウンロードできます。

本書が中級から上級への「飛躍」をめざす学習者、および日本語教師の皆さまの役に立つことを心より願っております。

About the book

1. Target levels

Hiyaku is designed for learners at the elementary and early-intermediate level who have completed the grammar items generally introduced in such levels and approximately 350 *kanji* (in the case of Columbia University, this is the equivalent of the fall semester in the second year, or those who have completed 225 hours).

2. Goals

The aim of this book is for learners to reach the levels that are designated in the guideline given by ACTFL (American Council of Teaching Foreign Languages) as the mid-intermediate level to the advanced level in all of the four skills: speaking, listening, reading, and writing.[1]

3. Features

The following describes the characteristics of *Hiyaku*.

- Generally speaking, beginner courses focus on speaking and listening, while at the intermediate and advanced levels further advancement in reading and writing skills is sought. *Hiyaku* distinguishes itself from other materials for it places great emphasis on balancing all of these four skills as learners move from the beginner level to the advanced level.
- With regard to the four skills, *Hiyaku* has incorporated practical and useful tasks for learners while making sure that situations and contexts are realistic.
- *Hiyaku* uses authentic and semi-authentic reading materials (simplified versions of the original materials), including newsletters, blogs, reports, historical texts, and readers' columns. Interesting materials that are appropriate for learners aiming to reach the advanced level have been chosen.

[1] ACTFL Proficiency Guidelines http://www.sil.org/lingualinks/languagelearning/OtherResources/ACTFLProficiencyGuidelines/contents.htm

- To avoid the writing exercises from becoming purely vocabulary and grammar practices, realistic contexts were considered. Specifically, learners are encouraged to think carefully about the objectives of the writings as well as the recipients of such writings. In addition, particular attention has been paid to the process of writing. As such, step-by-step instructions are given.
- In order to make the experience of learning Japanese language and culture enjoyable, each chapter includes an activity called "Let's enjoy!". Each "Let's enjoy!" section is in conjunction with the topic of the specific chapter in which it is found.
- Additionally, in order to cultivate the ability to think deeply and analyze, tasks that compare not only the linguistic aspect but also the cultural aspect have been incorporated for learners. These exercises are in accordance with the "5Cs" that were established by the National Standards for Foreign Language Education in 1996.

4. Organization

Organization of each chapter

This book is composed of nine chapters (a review chapter and eight chapters), and each chapter should require approximately eight to ten hours to be completed. The review chapter is designed to be used as preparation for Chapter 1.

Study activities in each chapter are divided into seven sections, except for the review chapter.

(Ex.) Chapter 1 "Cultural Events and Festivals of Japan"

1. Warm-up: discuss typical events and festivals in your country and town in pairs and groups
2. Main text: a newsletter from the JET Programme
3. Let's speak!: memories of cultural events and festivals
4. Let's listen!: the *Wanko-soba* eating competition in Iwate Prefecture
5. Let's read!: a mini article about *Setsubun* (the coming of spring festival)
6. Let's write!: articles for a local newspaper
7. Let's enjoy!: the *Bon* festival dance

Organization of the reading materials

Main text

To help learners read *kanji* that they do not know, each page is accompanied by a page on the right that has phonetic symbols for all *kanji*.

Content questions

The content questions are organized into two categories: A (questions concerning the content) and B (questions concerning command words, ornamentation, etc.)

Vocabulary lists

Each vocabulary word has the phonetic symbols for the *kanji* and the pronunciation symbol indicated to show the accent. In addition, each verb is accompanied by an example of how to use it in a sentence.

▲ 意味がわかれば いい言葉

行	語彙	読み	意味
	行事	ぎょうじ	an event
	簡単（な）	かんたん（な）	simple; brief
	祝う	いわう	to celebrate (Vt/-u) 例：卒業を祝う
	神社	じんじゃ	a Shinto shrine
▲	年賀状	ねんがじょう	a New Year's card
	過ごす	すごす	to spend (Vt/-u) 例：夏休みを過ごす

The following abbreviations are used in the vocabulary lists.

Vi = intransitive verb
Vt = transitive verb
-u = u-verb
-ru = ru-verb
Irr = irregular verb

Kanji *lists*

The *Kanji* lists (each has 20 to 25 words) are centered around the 193 *kanji* that are deemed necessary for the intermediate level of the Japanese Language Proficiency Test N3.

Grammar notes

The grammar notes consist of an explanation of the grammar, an example, and practice problems. In the grammar explanations, the following abbreviations are used.

N = noun
Adj. = adjective
いAdj. = ***i***-type adjective
なAdj. = ***na***-type adjective
V = verb
Vて = ***te***-form of verb
Vた = verb plain past affirmative
V stem = verb form before ***-masu***

5. Notation

"*Furigana*" (pronunciation notations) are submitted in the following manner.

(1) Place names, people names, and words marked with ▲ (where students should be able to understand the meaning, but do not have to reproduce it) have *furigana*.
(2) As a rule, there are no *furigana* attached to the 330 *kanji* which are considered to be in the first half of the intermediate level *kanji* from the Japanese Language Proficiency Test N5 to N4.
(3) There are no *furigana* for the *kanji* that were learned in previous chapters or for the new *kanji* to be learned in the current chapter.
(4) In addition to (3), there are no *furigana* for vocabulary that was learned in previous chapters or new vocabulary in the main reading passage, content questions, and *Let's Read!* section.

6. Other

Kanji practice sheets

For the reading of the *kanji*, the *kun-yomi* is written in *hiragana*, and the *on-yomi* is written in *katakana*. Note that only the readings of the *kanji* as used in the main text are given, not every possible reading.

(Ex.)

的		加		参		祭		皆	
テキ	的	カ くわ(える)	加	サン まい(る)	参	まつ(り)	祭	みな	皆
代表的（だいひょうてき）	target (suffix to make na-adj.)	参加（さんか）	festival	参加（さんか） 参る（まいる）	participate go come	祭り（まつり）	festival	皆さん（みなさん）	all everybody

Sound and animation files

The 🎧 icon in the material indicates that there are accompanying sound and animation files. A copy of the material can be downloaded from the following website:

URL: http//www.routledge.com/textbooks/978041577747

PowerPoint files

As assisting files, the PowerPoint files can be downloaded from the same website.

We sincerely hope that this material will be helpful to those students who are aspiring to use the intermediate to advanced *Hiyaku*, as well as to all Japanese language instructors.

ふくしゅう
復習

◆ 読み物「ジョンさん、元気ですか」

【本文（ほんぶん）】

【内容質問（ないようしつもん）】

【語彙（ごい）リスト】

【漢字リスト】

【文法（ぶんぽう）ノート】

◆ 読み物　【本文】

ジョンさん、元気ですか？

＊日本の大学生、明と日本語を勉強中のアメリカの大学生ジョンは日本語と英語でEメールを交換しています。

From: 明 <akira_555@email.com>

To: ジョンさん <john_john@nihongo.com>

Sent: Wednesday, January 13, 20XX

Subject: ジョンさん、元気ですか？

今日は僕が日本語で書く番ですね。この前は僕の英語のメールを読んでくれてありがとう。英語で手紙を書いたことは一度もなかったから、ちょっとドキドキしました。書きたいことはいっぱいあるけれど、いくら考えてもうまく書けなくて、辞書を何度も引いてやっとできたんです。高校の時、もっとまじめに勉強すればよかったなあと思います。僕の英語は、ジョンさんの日本語ほど上手じゃないけれど、これからもっとがんばろうと思っています。

ところでジョンさんは、どんなスポーツが好きですか。僕は今、大学の部活でサッカーをしています。部活というのは学校のクラブ活動のことなんですが、週に二、三回練習しています。あまり上手じゃないけれど、友達に誘われて入ることにしました。僕は一年生だから、先輩にユニフォームの洗濯をさせられたり、

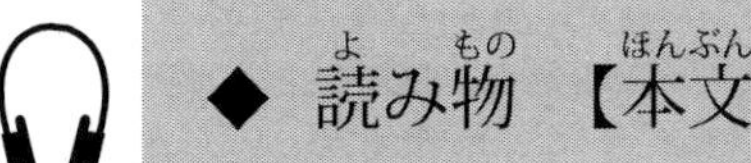

◆ 読み物 【本文】

ジョンさん、元気ですか？

＊日本の大学生、明と日本語を勉強中のアメリカの大学生ジョンは日本語と英語でEメールを交換しています。

From: 明 <akira_555@email.com>

To: ジョンさん <john_john@nihongo.com>

Sent: Wednesday, January 13, 20XX

Subject: ジョンさん、元気ですか？

今日は僕が日本語で書く番ですね。この前は僕の英語のメールを読んでくれてありがとう。英語で手紙を書いたことは一度もなかったから、ちょっとドキドキしました。書きたいことはいっぱいあるけれど、いくら考えてもうまく書けなくて、辞書を何度も引いてやっとできたんです。高校の時、もっとまじめに勉強すればよかったなあと思います。僕の英語は、ジョンさんの日本語ほど上手じゃないけれど、これからもっとがんばろうと思っています。

ところでジョンさんは、どんなスポーツが好きですか。僕は今、大学の部活でサッカーをしています。部活というのは学校のクラブ活動のことなんですが、週に二、三回練習しています。あまり上手じゃないけれど、友達に誘われて入ることにしました。僕は一年生だから、先輩にユニフォームの洗濯をさせられたり、合宿で食事を作らせられたりして大変だけど、だんだん慣れてきました。おもしろい人がたくさんいて、とても楽しくやっています。でも、チームは弱くて、試合をするといつも負けてしまうんですけどね。来週も試合があります。今度は勝てるといいんですが……。

ジョンさんは今年の夏、日本で勉強するんですね。もし日本で旅行するつもりなら、JRパスという便利な切符があるから、アメリカでそれを買って来た方がいいですよ。ジョンさんは八月の終わりまで日本にいるんですよね。日本でぜひ会いましょう！僕もお金と時間があれば、いつかアメリカに行ってみたいけど……今はまだ無理です。

この前の僕の英語のメール、間違いがあったら教えてほしいけど……。あんまり間違いを気にしないで、たくさんメールを書いて交換した方がいいかもしれませんね。

ジョンさんからの返事、楽しみにしていますね。じゃあ、また！

明

合宿で食事を作らせられたりして大変だけど、だんだん慣れてきました。おもしろい人がたくさんいて、とても楽しくやっています。でも、チームは弱くて、試合をするといつも負けてしまうんですけどね。来週も試合があります。今度は勝てるといいんですが……。

ジョンさんは今年の夏、日本で勉強するんですね。もし日本で旅行するつもりなら、JRパスという便利な切符があるから、アメリカでそれを買って来た方がいいですよ。ジョンさんは八月の終わりまで日本にいるんですよね。日本でぜひ会いましょう！僕もお金と時間があれば、いつかアメリカに行ってみたいけど……今はまだ無理です。

この前の僕の英語のメール、間違いがあったら教えてほしいけど……。あんまり間違いを気にしないで、たくさんメールを書いて交換した方がいいかもしれませんね。

ジョンさんからの返事、楽しみにしていますね。じゃあ、また！

明

復習

【内容質問(ないようしつもん)】

1. 明(あきら)は、自分の英語とジョンの日本語とどちらの方が上手だと思っていますか。

2. 明は大学で勉強する以外に、今どんな活動をしていますか。その活動をするようになったのはどうしてですか。

3. 明がクラブでしていることはどんなことですか。

4. 明が入っているチームはどんなチームですか。

5. 明はジョンにアドバイスをしました。何と言いましたか。

6. 英語でEメールを書く時、どんなことに気をつけたらいいですか。あなたなら、明にどんなアドバイスをしてあげますか。

7. あなたも日本語でEメールを書いたことがありますか。日本語でEメールを書く時、難(むずか)しいのはどんなことですか。

【語彙リスト】

▲意味がわかればいい言葉

行		語彙	読み	意味
		交換する	こうかんする	to exchange (Vt/irr) 例：友達と電話番号を交換する
1		僕	ぼく	I (male informal variant of *watashi*)
		番	ばん	*one's* turn
2		ドキドキする	ドキドキする	to become nervous (Vi/irr) 例：好きな人に会うと、ドキドキする
3		いっぱい	いっぱい	＝たくさん
		うまい	うまい	＝上手な
4		引く	ひく	to consult (a dictionary) (Vt/-u) 例：辞書を引く
		やっと	やっと	finally
7		部活	ぶかつ	an extracurricular activity（＝部活動）
8		活動	かつどう	an activity
9		誘う	さそう	to invite someone to join something (Vt/-u) 例：田中さんをパーティーに誘う
10		先輩	せんぱい	an upperclassman; *one's* senior
	▲	ユニフォーム	ユニフォーム	a uniform
11	▲	合宿	がっしゅく	a team retreat for training
		慣れる	なれる	to get used to (Vi/-ru) 例：新しい生活に慣れる
13		試合	しあい	a match
		負ける	まける	to be beaten; to lose a game (Vi/-ru) 例：試合に負ける
		けど	けど	although; even though; though
14		勝つ	かつ	to win (Vi/-u) 例：試合に勝つ
19		無理（な）	むり（な）	impossible; cannot do
21		間違い	まちがい	a mistake
		気にする	きにする	to mind (Vt/irr) 例：間違いを気にしない
23		返事	へんじ	an answer; a reply
		楽しみにする	たのしみにする	to look forward to (Vt/irr) 例：おみやげを楽しみにする

【漢字リスト】

交　換　辞　練　洗　負　勝　符　無　違

新しい漢字を使った言葉

交換	こうかん
辞書	じしょ
練習	れんしゅう
洗濯	せんたく
負ける	まける
勝つ	かつ
切**符**	きっぷ
無理	むり
間**違**い	まちがい

【文法(ぶんぽう)ノート】

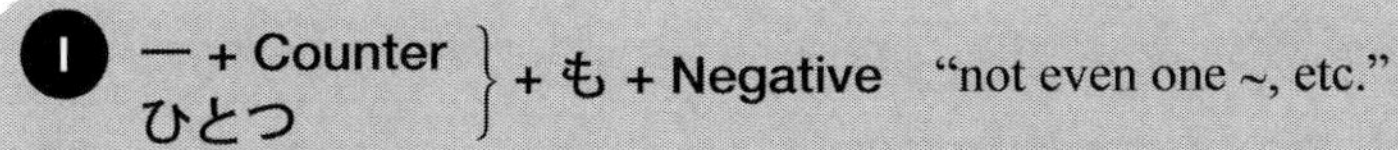

Ⅰ 一 + Counter
ひとつ
+ も + Negative “not even one ~, etc.”

- 今まで英語の手紙を書いたことは一度もなかったから、ちょっとドキドキしました。
  (I was a little nervous because I had never written a letter in English.)

1. これまで一度も肉を食べたことがありません。
2. 私のクラスには、日本の映画を見たことがない学生は一人もいません。
3. 私の父は、一日も会社を休んだことがない。
4. ゆうべ全然(ぜんぜん)勉強しなかったので、試験の時、漢字がひとつも書けなかった。
5. スミス：山田さんはカラオケが好きですか。
   山田：カラオケですか。実(じつ)は____________________んですよ。
6. 本をたくさん買ったけれど、忙しくてまだ______________________。

Ⅱ Question word + ～ても “no matter what/where/when/who/how, etc.”

- いくら考えてもうまく書けなくて、……
  (No matter how hard I thought, I could not write well, . . .)

1. 東京は、どこへ行っても人でいっぱいでした。
2. ルームメートは、体に悪いと言って、いくら暑(あつ)くてもエアコンを使いません。
3. 彼は、いつ見ても同じ服を着ている。
4. 田中さんに電話したかったけれど、だれに聞いても電話番号を知らないと言われました。
5. 父は____________________太りません。
6. ________________________、毎日運動するようにしています。

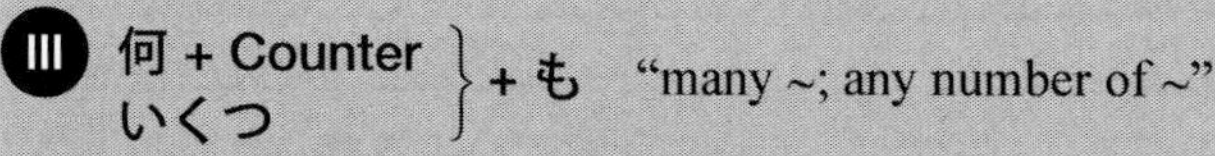

- 辞書を何度も引いてやっとできたんです。
  (I looked up a word in the dictionary again and again, and finally could finish it.)

1. 飛行機(ひこうき)が遅れて何時間も待たなければならなかったんですよ。
2. スミスさんは何年も日本に住んでいるけれど、まだ一度も富士山(ふじさん)にのぼったことがないそうです。
3. 今日は、かぜでクラスを休んだ学生が何人もいた。
4. そんなにいくつも食べると、おなかが痛くなりますよ。
5. 経済(けいざい)のクラスのレポートを書くために、図書館から＿＿＿＿＿＿＿＿借りた。
6. 子供(こども)の時、この映画が好きで、＿＿＿＿＿＿＿＿＿＿。

IV Noun / V plain affirmative } + ほど + Negative “not as ~ as Noun” “not as ~ as one does/did . . .”

- 僕の英語は、ジョンさんの日本語ほど上手じゃないけれど、……
  (Although my English is not as good as your (John’s) Japanese . . .)

1. ニューヨークは昔(むかし)ほど危(あぶ)なくありませんよ。
2. 中国語の文法(ぶんぽう)は日本語ほど難(むずか)しくないそうだ。
3. この映画は、思ったほどおもしろくなかった。
4. 山田さんは、みんなが言うほど悪い人じゃありません。
5. 一月は＿＿＿＿＿＿＿＿＿＿ほど＿＿＿＿＿＿＿＿＿。
6. 今の大学生は＿＿＿＿＿＿＿＿＿＿ほど＿＿＿＿＿＿＿＿＿。

V $Noun_1$ + というのは $Noun_2$ + のことだ “$Noun_1$ means $Noun_2$”

- 部活というのは学校のクラブ活動のことなんですが、……
  (*Bukatsu* means club activities at school, and . . .)

1. リモコンというのは、リモート・コントロールのことです。
2. 英和辞典(えいわじてん)というのは、英語の言葉(ことば)の意味が日本語で書いてある辞書のことです。

3. 日本で1Kというのは、ベッドルームがひとつとキッチンがあるアパートのことです。
4. 駅弁(えきべん)というのは、駅で売られているお弁当(べんとう)のことです。
5. 先輩(せんぱい)というのは＿＿＿＿＿＿＿＿のことです。
6. ＿＿＿＿＿＿＿＿というのは＿＿＿＿＿＿＿＿だ。

VI V plain non-past + ことにする／ことにしている "decide to / make it a rule to /"

- 友達に誘われて入る<u>ことにしました</u>。
  (I was invited by my friend and decided to join it.)

1. 彼女と話して、来年の春に結婚(けっこん)することにしました。
2. 今年日本に行くつもりだったが、飛行機(ひこうき)の切符が高すぎるので、行かないことにした。
3. じゃあ、みんなが集まったら、始めることにしましょう。
4. 私は一週間に三回泳ぐことにしています。
5. 来週、友達と＿＿＿＿＿＿＿＿＿ことにしました。
6. 健康(けんこう)のために＿＿＿＿＿＿＿＿＿ことにしている。

VII Vて + くる "come to ~"

Used to describe a transition or change from one specific condition to the next from the speaker's perspective or view. くる indicates a temporal or conceptual transition from the speaker's time frame. It is often used to illustrate a change from the past to present time. The speaker feels that the change is happening to or coming towards him/her. Some examples of commonly used verbs are:

わかる、なる、増(ふ)える、減(へ)る。

- だんだん慣れ<u>てきました</u>。
  (I have gradually gotten used to it.)

1. 雨がやんで空が明るくなってきました。
2. 最近(さいきん)、日本語の勉強がおもしろくなってきました。
3. この頃(ごろ)の子供(こども)は、外で遊(あそ)ばなくなってきました。

4. 人々の結婚（けっこん）についての考え方は、だんだん変わってきました。
5. ________________から、そろそろ帰りましょう。
6. この頃、日本語が上手な外国人が________________。

VIII ～といいんですが "I hope that ~"

- 今度は勝てる<u>といいんですが</u> ……。
  (I hope that we can win this time.)

1. あと10分で映画が始まります。間に合うといいんですが ……。
2. 明日ピクニックに行くんです。雨が降らないといいんですが ……。
3. これ、パリで買ったんですけど、どうぞ。気に入っていただけるといいんですが ……。
4. 来年、日本に留学（りゅうがく）できるといいんですけど ……。
5. 明日、試験があるんです。________________ ……。
6. 今、アパートをさがしているんですよ。________________ ……。

IX (*someone*) に + V て + ほしい "I want someone to ~"

- 間違いがあったら教え<u>てほしい</u>けど ……。
  (If there is a mistake, I want you to tell me . . .)

1. 妹に部屋を片付（かたづ）けてほしいです。
2. 私が子供（こども）の時、父は私に医者になってほしいと思っていたそうだ。
3. 太郎（たろう）ちゃん、となりの部屋からいすを持って来てほしいんだけど ……。
4. 私が勉強している時、ルームメートに大きい音でテレビを見ないでほしいです。
5. 佐藤（さとう）さん、ビールがないから、________________んだけど ……。
6. 山田さんは料理が上手だから、________________と思います。

第一課

行事

- 初(はじ)めに・・・話し合ってみましょう
- 読み物「JET プログラム・ニュースレター No.1 日本の行事」

  【本文】

  【内容質問】

  【語彙リスト】

  【漢字リスト】

  【文法ノート】
- 話しましょう　　行事や祭りの思い出
- 聞きましょう　　岩手県(いわてけん)のわんこそば大会(たいかい)
- 読みましょう　　節分(せつぶん)（二月三日）
- 書きましょう　　ローカル新聞の記事(きじ)
- 楽しみましょう　盆踊(ぼんおど)り

◆ 初(はじ)めに … 話し合ってみましょう

1. あなたの国では、どんな年中(ねんちゅう)行事がありますか。

＊年中(ねんちゅう)行事 = an annual event/festival

	何月何日？	行事・祭(まつ)りの名前は？	簡単(かんたん)に説明してください。（だれが？どんなことをする？）
春			
夏			
秋			
冬			

2. 子供(こども)の時に一番楽しみにしていた行事は何でしたか。それはどうしてですか。

◆ 読み物【本文】

JETプログラム・ニュースレター No. 1
日本の行事

ようこそ、日本へ！皆さんの日本での生活がいよいよ始まります。皆さんが日本に住んでいる間には、それぞれの地域で、さまざまな行事や祭りに参加する機会がこれからたくさんあると思いますが、ここでは皆さんに日本の代表的な行事について、簡単に説明しようと思います。

日本人の一年の生活の中には多くの行事や祭りがあります。まずその一つはお正月です。「明けましておめでとう」というあいさつで一年が始まります。一月一日は日本人にとって新年の始まりを意味する大切な日で、家族が集まって新年を祝います。お正月料理を食べたり、いい年になるように神社や寺に行ったり、知人や友達から送られてきた年賀状(ねんがじょう)を読んだりして、お正月を過ごすのです。子供(こども)にとっては、お年玉(としだま)と呼ばれるお金をもらうこともお正月の楽しみの一つです。

お正月以外に、休みをとって家族が集まるのは、お盆の時でしょう。これは、亡くなった先祖の霊(れい)をうちに迎えるという仏教の行事の一つです。人々は、八月十五日を中心に一週間ぐらい盆休みをとって、いなかに帰ります。そして、多くの人がお墓参(はかまい)りをします。しかし最近では、この休みを利用して海外旅行に出かける人々も増えてきました。

また、四季がはっきりしている日本では、季節によってさまざまな行事や祭りがあります。春の花見は言うまでもなく、夏から秋にかけては日本中でいろいろな祭りが見られます。たくさんの人々が大きな神輿(みこし)をかついで町中を歩いたり、歌を歌いながら踊ったりして、それぞれの地域で独特の祭りがにぎやかに行われます。そうした祭りは、その町の人々の暮らしに欠かせない大切な行事で、町中の人が一つになって成功させようとします。秋が深ま

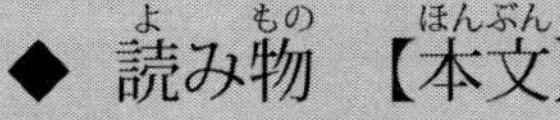

JETプログラム・ニュースレター　No. 1
日本の行事

ようこそ、日本へ！皆さんの日本での生活がいよいよ始まります。皆さんが日本に住んでいる間には、それぞれの地域で、さまざまな行事や祭りに参加する機会がこれからたくさんあると思いますが、ここでは皆さんに日本の代表的な行事について、簡単に説明しようと思います。

日本人の一年の生活の中には多くの行事や祭りがあります。まずその一つはお正月です。「明けましておめでとう」というあいさつで一年が始まります。一月一日は日本人にとって新年の始まりを意味する大切な日で、家族が集まって新年を祝います。お正月料理を食べたり、いい年になるように神社や寺に行ったり、知人や友達から送られてきた年賀状を読んだりして、お正月を過ごすのです。子供にとっては、お年玉と呼ばれるお金をもらうこともお正月の楽しみの一つです。

お正月以外に、休みをとって家族が集まるのは、お盆の時でしょう。これは、亡くなった先祖の霊をうちに迎えるという仏教の行事の一つです。人々は、八月十五日を中心に一週間ぐらい盆休みをとって、いなかに帰ります。そして、多くの人がお墓参りをします。しかし最近では、この休みを利用して海外旅行に出かける人々も増えてきました。

また、四季がはっきりしている日本では、季節によってさまざまな行事や祭りがあります。春の花見は言うまでもなく、夏から秋にかけては日本中でいろいろな祭りが見られます。たくさんの人々が大きな神輿をかついで町中を歩いたり、歌を歌いながら踊ったりして、それぞれの地域で独特の祭りがにぎやかに行われます。そうした祭りは、その町の人々の暮らしに欠かせない大切な行事で、町中の人が一つになって成功させようとします。秋が深ま

ると、日本全国で美しい紅葉が見られるようになって、人々は野や山に出かけます。冬になると、北国では雪や氷の祭りが行われます。そして多くの観光客が訪れます。特に有名なのは札幌の雪まつりで、そこでは雪と氷でさまざまな彫刻が作られます。芸術的にすばらしい作品が多くて、今では国際的にも知られるようになりました。

十二月になると、日本でもクリスマスの音楽がさまざまな所から聞こえてくるようになります。日本では、二十五日は国の祝日ではないのですが、西洋の影響を受けて人々は宗教に関係なくプレゼントを交換したり、パーティーをしたりして楽しみます。つまり、キリスト教を信じていない人でも、クリスマスを楽しむわけです。西洋では一般的にクリスマスを家族で過ごすことが多いのに対して、日本ではむしろ友達とにぎやかに過ごす楽しい日、または恋人と過ごすロマンチックな日と考えられているようです。そのほか、年末には一緒に働いている人々や友達と忘年会と呼ばれるパーティーもします。

一年の最後の日、十二月三十一日は「大みそか」と呼ばれて、その夜「年越しそば」を食べるという習慣があります。そばは長いので、長く生きられるようにという意味で食べるのです。そして、全国の寺では鐘を百八つ打つことになっています。これは「除夜の鐘」と呼ばれるものですが、人々はその鐘を聞きながら、古い年と別れて、新しい年を迎えるのです。

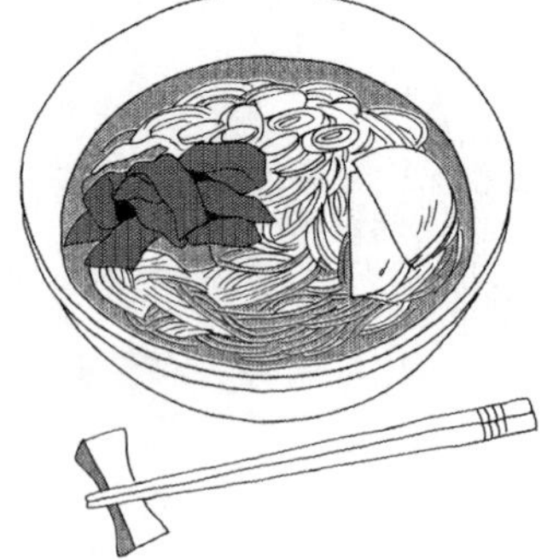

以上が代表的な日本の行事です。皆さんがこれから住む町にも、きっとその町独特の行事や祭りがあるでしょう。これからの一年の間、皆さんにはぜひそれらを日本人と一緒に楽しんで、すばらしい思い出を作ってもらいたいと思います。

ると、日本全国で美しい紅葉が見られるようになって、人々は野や山に出かけます。冬になると、北国では雪や氷の祭りが行われます。そして多くの観光客が訪れます。特に有名なのは札幌の雪まつりで、そこでは雪と氷でさまざまな彫刻が作られます。芸術的にすばらしい作品が多くて、今では国際的にも知られるようになりました。

十二月になると、日本でもクリスマスの音楽がさまざまな所から聞こえてくるようになります。日本では、二十五日は国の祝日ではないのですが、西洋の影響を受けて人々は宗教に関係なくプレゼントを交換したり、パーティーをしたりして楽しみます。つまり、キリスト教を信じていない人でも、クリスマスを楽しむわけです。西洋では一般的にクリスマスを家族で過ごすことが多いのに対して、日本ではむしろ友達とにぎやかに過ごす楽しい日、または恋人と過ごすロマンチックな日と考えられているようです。そのほか、年末には一緒に働いている人々や友達と忘年会と呼ばれるパーティーもします。

一年の最後の日、十二月三十一日は「大みそか」と呼ばれて、その夜「年越しそば」を食べるという習慣があります。そばは長いので、長く生きられるようにという意味で食べるのです。そして、全国の寺では鐘を百八つ打つことになっています。これは「除夜の鐘」と呼ばれるものですが、人々はその鐘を聞きながら、古い年と別れて、新しい年を迎えるのです。

以上が代表的な日本の行事です。皆さんがこれから住む町にも、きっとその町独特の行事や祭りがあるでしょう。これからの一年の間、皆さんにはぜひそれらを日本人と一緒に楽しんで、すばらしい思い出を作ってもらいたいと思います。

【内容質問】

A.

1. 日本人は、一月一日にどんなあいさつをしますか。

2. 日本人は、一月一日をどうやって過ごしますか。

3. お年玉(としだま)というのは何ですか。

4. お盆の時、日本人はどんなことをしますか。

5. 夏から秋にかけて行われる祭りで、人々はどんなことをしますか。

6. 札幌(さっぽろ)の雪まつりはどんな祭りですか。

7. 西洋と日本では十二月二十五日の過ごし方にどんな違いがありますか。

8. 日本人は大みそかをどうやって過ごしますか。あなたの国ではどうですか。

B.

1. 5行目の「その一つ」の「その」は何を指(さ)しますか。 ＊指(さ)す = to refer

2. 16行目の「人々」の修飾部分(しゅうしょくぶぶん)はどこから始まりますか。最初(さいしょ)の一語を書きなさい。 ＊修飾部分(しゅうしょくぶぶん) = a modifying part

3. 23行目の「そうした祭り」というのは、どんな祭りのことですか。

4. 48行目の「それら」は何を指しますか。

【語彙リスト】

▲ 意味がわかればいい言葉

行	語彙	読み	意味
	行事	ぎょうじ	an event
	JETプログラム	JETプログラム	Japan Exchange Teaching Programme
1	ようこそ	ようこそ	Welcome (to Japan)!
	いよいよ	いよいよ	at last; finally
2	それぞれの～	それぞれの～	each
	地域	ちいき	an area
	さまざま（な）	さまざま（な）	various
	祭り	まつり	a festival
	参加する	さんかする	to take part in; to join (Vi/irr) 例：パーティーに参加する
3	機会	きかい	a chance
	代表的（な）	だいひょうてき（な）	typical
4	簡単（な）	かんたん（な）	simple; brief
5	多くの～	おおくの～	a lot of
	［お］正月	［お］しょうがつ	New Year
6	明けましておめでとう	あけましておめでとう	Happy New Year!
	あいさつ	あいさつ	a greeting
7	新年	しんねん	the new year
	始まり	はじまり	the beginning
	意味する	いみする	to mean (Vt/irr) 例：赤信号は「止まれ」を意味する
	集まる	あつまる	to get together (Vi/-u) 例：ロビーに集まる
8	祝う	いわう	to celebrate (Vt/-u) 例：卒業を祝う

	神社	じんじゃ	a Shinto shrine
	寺	てら	a temple
9	知人	ちじん	an acquaintance
▲	年賀状	ねんがじょう	a New Year's card
	過ごす	すごす	to spend (Vt/-u) 例：夏休みを過ごす
10 ▲	お年玉	おとしだま	New Year's gift money given to children
	楽しみ	たのしみ	fun; excitement
12	以外に	いがいに	besides
	［お］盆	［お］ぼん	the Bon Festival
13	亡くなる	なくなる	to pass away (Vi/-u) 例：有名な歌手が亡くなった
	先祖	せんぞ	an ancestor
▲	霊	れい	the spirit; the soul
	迎える	むかえる	to receive; to meet (Vt/-ru) 例：客を迎える
	仏教	ぶっきょう	Buddhism
14	(～を) 中心に	(～を) ちゅうしんに	(centered) around
	いなか	いなか	*one's* hometown
15 ▲	［お］墓参り	［お］はかまいり	visiting a grave
	利用する	りようする	to use (Vt/irr) 例：インターネットを利用する
16	増える	ふえる	to increase (Vi/-ru) 例：宿題が増える
17	また	また	moreover
	四季	しき	the four seasons
18	～から～にかけて	～から～にかけて	from ~ to ~
20 ▲	神輿	みこし	a portable shrine
▲	かつぐ	かつぐ	to carry on *one's* shoulder (Vt/-u) 例：神輿をかつぐ

21		踊る	おどる	to dance (Vi/-u) 例：みんなで踊る
22		独特の～	どくとくの～	particular
23		行う	おこなう	to carry out (Vt/-u) 例：入学式を行う
		そうした	そうした	such
24		暮らし	くらし	life
		(～に) 欠かせない	(～に) かかせない	indispensable (to ~)
25		成功する	せいこうする	to succeed (Vi/irr) 例：ダイエットに成功する
		深まる	ふかまる	to deepen (Vi/-u) 例：興味が深まる
26		全国	ぜんこく	the entire country
		美しい	うつくしい	beautiful
	▲	紅葉	こうよう	foliage
	▲	野	の	a field
27	▲	北国	きたぐに	the northern provinces
		氷	こおり	ice
		観光客	かんこうきゃく	a tourist
28		訪れる	おとずれる	to visit (Vi/-ru) 例：大統領が中国を訪れた
		雪まつり	ゆきまつり	a snow festival
	▲	彫刻	ちょうこく	a sculpture
29		芸術的 (な)	げいじゅつてき (な)	artistic
		作品	さくひん	a (piece of) work
		国際的 (な)	こくさいてき (な)	international
32		祝日	しゅくじつ	a national [public] holiday
		西洋	せいよう	the West
33		影響	えいきょう	an influence
		(影響を) 受ける	(えいきょうを) うける	to be affected [influenced] by (Vt/-ru) 例：中国の影響を受ける

		宗教	しゅうきょう	religion
		(〜に) 関係なく	(〜に) かんけいなく	irrespective (of ~)
34		つまり	つまり	in other words
		キリスト教	キリストきょう	Christianity
		信じる	しんじる	to believe (in) (Vt/-ru) 例：神を信じる
35		一般的 (な)	いっぱんてき (な)	general
36		むしろ	むしろ	rather
		または	または	or
		恋人	こいびと	*one's* girlfriend/boyfriend
	▲	ロマンチック (な)	ロマンチック (な)	romantic
37		そのほか	そのほか	in addition
		年末	ねんまつ	the end of the year
38	▲	忘年会	ぼうねんかい	a year-end dinner party celebrating the past year
39		最後の〜	さいごの〜	last; final
		大みそか	おおみそか	New Year's Eve
	▲	年越しそば	としこしそば	the buckwheat noodles eaten on New Year's Eve
40		習慣	しゅうかん	a custom
		生きる	いきる	to live (Vi/-ru) 例：100歳まで生きる
41	▲	鐘	かね	a temple bell
		打つ	うつ	to strike (Vt/-u) 例：鐘を打つ
42	▲	除夜の鐘	じょやのかね	the bell-ringing to signify the end of the year
43		別れる	わかれる	to part (Vi/-ru) 例：友達と別れる
45		以上	いじょう	the above mentioned
48		それら	それら	they; those
		思い出	おもいで	a memory

【漢字リスト】

皆　祭　参　加　的　集　神　過　祖　仏　最
季　節　欠　深　美　訪　際　受　関　係　働

新しい漢字を使った言葉

皆さん	みなさん
祭り	まつり
参加する	さんかする
代表**的**	だいひょうてき
集まる	あつまる
神社	じんじゃ
過ごす	すごす
先**祖**	せんぞ
仏教	ぶっきょう
最近	さいきん
季節	きせつ
欠かせない	かかせない
深まる	ふかまる
美しい	うつくしい
訪れる	おとずれる
国**際的**	こくさいてき
受ける	うける
関係なく	かんけいなく
働く	はたらく

【文法ノート】

I

V ている
Noun の
い Adj. い
な Adj. な
} + 間に／間　"while ~"

間に is used to describe a timeframe or time span during which something happens or one does something, whereas 間 without the particle indicates that two events occur during the same span of time.

- 皆さんが日本に住んでいる間には、それぞれの地域で、さまざまな行事や祭りに参加する機会がこれからたくさんあると思いますが、……
  (While you are living in Japan, I think there will be many opportunities for you to participate in various events and festivals, . . .)

1. ニューヨークにいる間に、しばいやオペラをたくさん見るつもりです。
2. 山田さんが食事の準備(じゅんび)をしている間に、木村さんは、部屋をそうじしてしまいました。
3. 子供(こども)が寝ている間、部屋は静(しず)かでした。
4. 夏の間ずっとアルバイトをしようと思っている 。
5. 電車に乗っている間、＿＿＿＿＿＿＿＿＿＿＿＿＿＿＿＿＿＿＿＿。
6. 私が学校を休んでいる間に、＿＿＿＿＿＿＿＿＿＿＿＿＿＿＿＿＿＿＿。

II Plain style sentence + という + Noun　"Noun that ~"

という precedes the noun that is related to an idea or communication and it is used to further describe its content.

- 「明けましておめでとう」というあいさつで一年が始まります。
  (The New Year starts with the greeting "Happy New Year.")

1. 最近、経済(けいざい)がよくなってきているというニュースを聞きました。
2. お金より時間の方がずっと大切だという意見(いけん)の人もいる。
3. 友達から、仕事が決まったというEメールをもらった。
4. 合格(ごうかく)したという知(し)らせ(notice)が大学から来た時は、本当(ほんとう)にうれしかった。

5. 母から________________________話を聞いて、びっくりした。

6. この間、________________________うわさ(rumor)を聞いた。

III Noun + にとって "for ~ ; to ~"

にとって is used to describe certain values/opinions of a group or an individual.

- 一月一日は日本人<u>にとって</u>新年の始まりを意味する大切な日で、……
  (January 1st is an important day for Japanese people, signifying the beginning of a New Year, and . . .)

1. 大学院に行くのがスミスさんにとって一番いいと思います。
2. 今では携帯(けいたい)電話は若い人にとってはなくてはならない物だ。
3. それは学生にとって興味(きょうみ)のある問題だと思う。
4. あなたの国で、子供(こども)にとって一番楽しい行事は何でしょうか。
5. クリスマスは、________________________大切な日です。
6. 学生にとって____。

IV Noun / Embedded question } + によって "depending on ~"

- 季節<u>によって</u>さまざまな行事や祭りがあります。
  (Depending on the season, there are various events and festivals.)

1. マラソンに参加する人を、年齢(ねんれい)によって四つのグループに分けた(to divide)。
2. どんな事についても、人によって意見(いけん)が違うのが普通(ふつう)だ。
3. だれが来るかによって、どんな料理を作るか決めようと思っています。
4. 車を持っているかどうかによって、人々の生活は変わる。
5. 大学によって、____________________________________。
6. ________________は________________________________違います。

V Noun + は言うまでもなく "not to mention ~ ; let alone ~"

- 春の花見は言うまでもなく、夏から秋にかけては日本中でいろいろな祭りが見られます。
  (Not to mention the flower viewing in spring, many festivals can be seen all over Japan from summer through fall.)

1. ひらがなは言うまでもなく、カタカナも漢字も覚えなくてはいけない。
2. アメリカでは、英語は言うまでもなく、スペイン語も広く使われている。
3. 晴(は)れの日は言うまでもなく、雨の日も朝はジョギングすることにしている。
4. 彼は月曜日から金曜日までは言うまでもなく、週末(しゅうまつ)も会社で仕事をしている。
5. この映画は子供(こども)は言うまでもなく、＿＿＿＿＿＿＿＿＿＿＿＿＿。
6. 大学生は言うまでもなく、＿＿＿＿＿＿＿＿＿＿＿＿＿＿＿＿＿。

Note: This pattern can also be used as in:

Plain style sentence + のは言うまでもない "It goes without saying that ~"
(だ is replaced by な.)

1. 運動が体にいいのは言うまでもありません。
2. 手紙よりEメールの方が早く届(とど)くのは言うまでもない。

VI V volitional + とする "try to ~"

- 町中の人が一つになって成功させようとします。
  (All the people in the town get together to make it successful.)

1. 私の犬はドアを開けると、いつも外に出ようとします。
2. 子供(こども)が高い所にある本を取(と)ろうとしていたので、取ってあげました。
3. 部屋に入ろうとしたけれど、かぎがかかっていて入れなかった。
4. 人々はこの町に新しい公園(こうえん)を作ろうとしている。
5. 私が一人で＿＿＿＿＿＿としていたら、知らない人が手伝(てつだ)ってくれた。
6. ＿＿＿＿＿＿＿＿が、外がうるさくて寝られなかった。

VII Plain style sentence + わけだ "it means that ~ ; that's why ~ ; no wonder ~" (だ is replaced by な.)

- つまり、キリスト教を信じていない人でも、クリスマスを楽しむわけです。
  (In short, it means that although people don't necessarily believe in Christianity, they celebrate and enjoy Christmas.)

1. 去年この辺はあまり雪が降らなかった。つまり、スキーができなかったわけだ。
2. 日本では石油(せきゆ)がほとんど出ない。つまり、外国から輸入(ゆにゅう)しなければならないわけだ。
3. 母は1964年に生まれた。つまり、東京オリンピックの年に生まれたわけだ。
4. A：山本さんは、アメリカに十年住んでいるそうですよ。
   B：ああ、だから英語があんなに上手なわけですね。
5. 彼は土曜日も日曜日も仕事をしている。つまり、________________わけだ。
6. A：鈴木(すずき)さんは今日試験が三つもあるそうですよ。
   B：ああ、だからゆうべのパーティーに____________________わけですね。

VIII Plain style sentence + のに対(たい)して "as opposed to ~ ; whereas ~" (だ is replaced by な.)

This expression is often used in writing.

- 西洋では一般的にクリスマスを家族で過ごすことが多いのに対(たい)して、日本では……
  (While in the West people generally spend Christmas with their families, in Japan . . .)

1. 日本語は文法(ぶんぽう)が難(むずか)しいのに対して、中国語は発音(はつおん)が難しい。
2. 日本では、最近海外旅行をする人が増(ふ)えているのに対して、留学(りゅうがく)をする人は減(へ)っているそうです。
3. 日本の大学は入るのが大変なのに対して、卒業するのはやさしいと言われている。
4. 前は外で働く女性(じょせい)が少なかったのに対して、今はとても多くなっている。
5. いなかでは____________________、大きな町では____________________。
6. この町は夏は____________________、冬は____________________。

IX V plain non-past + ことになっている "it is customary that ~"

- 全国の寺では鐘(かね)を百八つ打つことになっています。
  (At temples all over the country, it is customary to strike a bell 108 times.)

1. 日本では、うちに入る時にくつをぬぐことになっています。
2. 教室では、食べたり飲んだりしてはいけないことになっている。
3. 日本では、車は18歳(さい)から運転してもいいことになっています。
4. イスラム教では、豚肉(ぶたにく)(pork)は食べてはいけないことになっている。
5. 私の町では、毎年＿＿＿＿＿＿＿＿＿＿＿＿。
6. 私のうちでは、＿＿＿＿＿＿＿＿＿＿＿＿。

◆ 話しましょう　行事や祭りの思い出

1. あなたがどこかに旅行した時に見た行事や祭りについて、話してみましょう。

① いつ、どこで行われた行事・祭りですか。

② どんな行事・祭りでしたか。

③ その時にとった写真や買って来たおみやげがあれば、持って来て、それについて説明してください。

2. あなたが見てみたい、参加してみたい行事や祭りについて、話してみましょう。

① いつ、どこで行われている行事・祭りですか。

② どうしてその行事・祭りが見てみたい、参加してみたいと思いますか。

③ だれと一緒（いっしょ）に行ってみたいですか。

◆ 聞きましょう　岩手県(いわてけん)のわんこそば大会(たいかい)

言葉(ことば)			
大会(たいかい)	a tournament; a competition	給仕(きゅうじ)	a server
おわん	a wooden bowl	次々(つぎつぎ)と	one after another
競争(きょうそう)する	to compete	お代(か)わり	an additional serving
米(こめ)	rice		

質問(しつもん)

1. 「わんこそば」の大会(たいかい)は、何を競争(きょうそう)をしますか。

2. 岩手県(いわてけん)では、人々はどうしてそばを昔から食べていましたか。

3. 岩手県では、どんな時にお客さんにそばを出す習慣(しゅうかん)がありましたか。

4. 岩手県で「わんこそば」の大会が始まったのは、いつですか。

5. これまでの大会で一番になった人は、「わんこそば」をどのぐらい食べましたか。

◆ 読みましょう　節分（二月三日）

言葉			
もともと	originally	鬼（おに）	a devil; a demon
分（わ）かれ目（め）	a turning point	福（ふく）	happiness
豆（まめ）（まき）	a bean	数（かず）	a number
まく	to throw; to scatter	江戸時代（えどじだい）	the Edo period (1603–1867)
取（と）りのぞく	to get rid of	面（めん）	a mask

二月の初めはまだまだ寒いですが、日本人は節分と聞くと春の始まりを感じます。「節分」というのは、もともと「季節の分かれ目」という意味で一年に四回ありましたが、今では普通冬と春の分かれ目だけを指します。

「節分」と言えば「豆まき」ですが、豆まきは病気など、悪いことを起こす「悪い気」を取りのぞく行事です。節分の日には、この「悪い気」を鬼と考えて、大きな声で「鬼は外、福は内」と言いながら家の外に豆をまき、鬼が家に入らないように、また、福、つまり幸せが家の中に入って来るようにします。そして鬼が家の外に出て行くように、家のいろいろな部屋にもまきます。その後で、まいた豆を自分の年の数だけ食べると、一年間元気に過ごせると言われています。

豆まきは中国で始まった行事で、日本で一般的になったのは江戸時代からだそうです。最近では、節分の頃になると多くのスーパーで、「豆まき」のための豆が「福豆」という名前で売られます。そして、その「福豆」には鬼の面がついていることが多く、父親がその面をかぶって鬼になり、豆をまく子供たちを楽しませる家もあるようです。もともとは父親が豆をまいて、鬼、つまり「悪い気」を取りのぞいていたそうですが、今では子供のための行事になってきているようです。

質問

1. 節分(せつぶん)の時、どんな言葉(ことば)を言いますか。

2. 何のために、家の外に豆(まめ)をまきますか。

3. 何のために、部屋に豆をまきますか。

4. まいた豆を自分の年の数(かず)だけ食べるのは、なぜですか。

5. 節分は、昔(むかし)と今ではどう変わってきましたか。

◆ 書きましょう　ローカル新聞の記事

あなたは JET Programme の CIR (Coordinator of International Relations) の仕事をしています。今度、その町の新聞に、あなたの国（町）の行事や祭りについて紹介する記事を書いてほしいと頼まれました。

1. 初めに、メモを作ってみましょう。

①行事・祭りの名前	
②いつ、どこで行われるか	
③だれがどんなことをするか	
④その行事・祭りの一番の楽しみ	

2. メモをもとにして、記事を書きなさい。

＜よく使われる表現＞

- 今日は、私の国（町）のおもしろい行事（祭り）を皆さんに紹介したいと思います。
- それは、○○という行事で……
- ～ことになっています。
- ～はこの行事（祭り）に欠かせません。
- ～にとって

＜書き方のポイント＞

- 自分の経験をもとにして（例：子供の頃の思い出）、どんな楽しいことがあるか書きましょう。
- インターネットなどで探して、その行事・祭りの写真や絵なども入れてみましょう。

◆ 楽しみましょう　盆踊り

日本で有名な盆踊りの一つ、『炭坑節』を踊ってみましょう。

1. 踊り方の説明を読みましょう。

①掘って、掘って、また掘って　　＊掘る = to dig

右足を前に、両手を右に（二回）……

左足を前に、両手を左に（二回）……

②かついで、かついで　　＊かつぐ = to shoulder

右足を前に、両手は右肩の上に……　　＊肩 = a shoulder

左足を前に、両手は左肩の上に……

③見上げて、見上げて（=上を見て）

左足を後ろに、右手を上げて上を見て……

右足を後ろに、左手を上げて上を見て……

④押して、押して　　＊押す = to push

右足を前に、両手を前に出して……

左足を前に、両手を前に出して……

⑤開いて　　＊開く = to open

右足を前に、両手を開いて……

⑥チョチョンガチョン ♪♪𝄾𝄾♪

右足を後ろに戻して、手を三回たたく

＊たたく = to clap hands

2. 踊り方が分かりましたか。今度はビデオを見て、一緒に踊ってみましょう。

協力　日本舞踏家　石川流瀧田美成氏

3. 踊れるようになりましたか。じゃあ、今度はクラスメートと一緒に踊ってみましょう。

＊炭坑節

Tanko Bushi is a folk song from Fukuoka Prefecture, and it is one of the most famous melodies of the Japanese Bon Festival holiday. Originally, however, Tanko Bushi was not a Bon Festival song, but a song sung by coal miners at work. You will notice that the dance movements mimic coal-mining gestures.

第二課

敬語

- ◆ 初めに ・・・ 話し合ってみましょう
- ◆ 読み物「ちょっと敬語を着てみませんか」
  - 【本文】
  - 【内容質問】
  - 【語彙リスト】
  - 【漢字リスト】
  - 【文法ノート】
- ◆ 話しましょう　　ゲストの紹介(しょうかい)
- ◆ 聞きましょう　　留学生とホテルの受付(うけつけ)の会話
- ◆ 読みましょう　　インターネット掲示板(けいじばん)・悩(なや)み相談(そうだん)
- ◆ 書きましょう　　Eメール
- ◆ 楽しみましょう　シャドーイング

◆ 初めに ･･･ 話し合ってみましょう

1. 下の会話（山田先生の奥さんと学生）を、敬語(けいご)を使って完成(かんせい)させなさい。

＊完成(かんせい)する = to complete

学生：　もしもし、私、＿＿＿＿＿大学の＿＿＿＿＿ですが、＿＿＿＿＿。

奥さん：　いいえ、今出かけておりますが。

学生：　そうですか。＿＿＿＿＿＿＿＿＿＿＿＿＿＿＿＿＿。

奥さん：　そうですねえ、八時頃(ごろ)帰ると思いますが。

学生：　では、＿＿＿＿＿＿＿＿＿＿＿＿＿＿＿＿＿。

奥さん：　はい、分かりました。

学生：　＿＿＿＿＿＿＿＿＿＿＿＿＿＿＿＿＿。

2. 英語（あなたの国の言葉(ことば)）では、どんなていねいな言葉や表現(ひょうげん)がありますか。

3. そのような言葉や表現は、いつ頃使い始めますか。
（例：小・中学生の時？高校生の時？大学生の時？仕事を始めてから？）

4. どんな時にていねいな言葉や表現を使いますか。

◆ 読み物 【本文】

＊田中先生は日本語の先生で、今学期（こんがっき）日本語のクラスにブログを取り入れています。田中先生が「敬語」について書いたものを読んでみましょう。

ちょっと敬語を着てみませんか

夏に日本で勉強した学生が帰ってきて、クラスでこんなことを言いました。「先生、マクドナルドの店員の日本語は難しいですね。何を言っているのか分からなかったんです。ホストファミリーや友達と話している時は、そんなに困らなかったんですけど。」

みなさんは、なぜだと思いますか。

実（じつ）は、敬語だったんです!!

敬語には主に上司との会話や面接といったフォーマルな場面だけで使われているというイメージがあるかもしれません。それで、フォーマルな場面でなければ、敬語は必要ないと思う学生もいるようです。でも、敬語が分からないと、この学生のように日本での日常生活で困ることもあります。例えば、レストランに行くと、「ご注文は何になさいますか」とか、「少々お待ちください」などの表現を耳にします。敬語はみなさんが思っているよりもずっと身近なものなんです。

みなさんが日本に行ったら、この他にも毎日のように敬語を聞く機会があるでしょう。それに敬語を使わなくてはいけない状況もいろいろ出てきます。では、敬語を使う時には、どんなことを考えればいいのでしょうか。まず大切なのは、いつ、どこで、だれに使うかということです。そしてもうひとつ、何のために使うかということも大切でしょう。こんなことを言うと、「やっぱり敬語は難しい」なんて思う人がいるかもしれませんが、そんなに難しく考えることはありません。

ここで、ちょっと視点を変えてみましょう。みなさんは、着ていく服を選ぶ時、どんなことを考えますか。仕事に行く時はスーツ、結婚式には礼服（れいふく）というように、会う人や状況によって服を選びますね。それは、私たちはどんな服装がその場にふさわしいかとか、自分がどう見られるかということなどを考えるからでしょう。私は、言葉も服を選ぶのと同じだと思うのです。だれかが結婚式にT

◆ 読み物【本文】

＊田中先生は日本語の先生で、今学期日本語のクラスにブログを取り入れています。田中先生が「敬語」について書いたものを読んでみましょう。

ちょっと敬語を着てみませんか

夏に日本で勉強した学生が帰ってきて、クラスでこんなことを言いました。「先生、マクドナルドの店員の日本語は難しいですね。何を言っているのか分からなかったんです。ホストファミリーや友達と話している時は、そんなに困らなかったんですけど。」

みなさんは、なぜだと思いますか。

実は、敬語だったんです!!

敬語には主に上司との会話や面接といったフォーマルな場面だけで使われているというイメージがあるかもしれません。それで、フォーマルな場面でなければ、敬語は必要ないと思う学生もいるようです。でも、敬語が分からないと、この学生のように日本での日常生活で困ることもあります。例えば、レストランに行くと、「ご注文は何になさいますか」とか、「少々お待ちください」などの表現を耳にします。敬語はみなさんが思っているよりもずっと身近なものなんです。

みなさんが日本に行ったら、この他にも毎日のように敬語を聞く機会があるでしょう。それに敬語を使わなくてはいけない状況もいろいろ出てきます。では、敬語を使う時には、どんなことを考えればいいのでしょうか。まず大切なのは、いつ、どこで、だれに使うかということです。そしてもうひとつ、何のために使うかということも大切でしょう。こんなことを言うと、「やっぱり敬語は難しい」なんて思う人がいるかもしれませんが、そんなに難しく考えることはありません。

ここで、ちょっと視点を変えてみましょう。みなさんは、着ていく服を選ぶ時、どんなことを考えますか。仕事に行く時はスーツ、結婚式には礼服というように、会う人や状況によって服を選びますね。それは、私たちはどんな服装がその場にふさわしいかとか、自分がどう見られるかということなどを考えるからでしょう。私は、言葉も服を選ぶのと同じだと思うのです。だれかが結婚式にT

シャツとジーンズで出席したり、山登りにドレスやタキシードを着て来たりしたら、みなさんも、びっくりするでしょう。

このように私たちは日々（ひび）適切な服を選んでいますね。言葉も相手や状況によって変えるのだと考えれば、敬語はそんなに難しいものではありません。みなさん、「着ていく服」を間違えないように気をつけましょう！

コメント1：私も苦労しています　　　NAME：さくら　20XX年9月25日

いつも楽しくブログ読ませていただいています。この頃は外国人の学生さんも敬語を勉強されるんですね。私は今年の春、仕事を始めたばかりの新入社員ですけど、特に電話での敬語の使い方は難しくて、よく上司にしかられています。うちの会社は小さい会社で新入社員研修（けんしゅう）もないから、大学を卒業して急に敬語を使わなくちゃいけなくなって、本当に苦労しています。会社で仲がいい同僚と話した後で上司とばったり会った時、うっかり「ジーンズをはいたまま」話してしまったりするんですよね。

私も敬語の勉強、がんばりま〜す！

コメント2：ガンバレ〜！　　　NAME：一郎（いちろう）　20XX年9月26日

こんばんは。「敬語を着てみる」というのは面白い発想（はっそう）ですね。うちの子供も就職して今一年目なんですが、さくらさんみたいに敬語でずいぶん苦労しているようです。日本人だからといって、みんな敬語が上手に使えるわけではないんですよね。本屋さんに行くと、敬語の本がたくさんありますからねえ。

田中先生の学生さんにもぜひ敬語が上手に使えるようになってほしいですね。皆さん、頑張（がんば）ってください。

シャツとジーンズで出席したり、山登りにドレスやタキシードを着て来たりしたら、みなさんも、びっくりするでしょう。

このように私たちは日々適切な服を選んでいますね。言葉も相手や状況によって変えるのだと考えれば、敬語はそんなに難しいものではありません。みなさん、「着ていく服」を間違えないように気をつけましょう！

コメント１： 私も苦労しています　　NAME： さくら　20XX年9月25日

いつも楽しくブログ読ませていただいています。この頃は外国人の学生さんも敬語を勉強されるんですね。私は今年の春、仕事を始めたばかりの新入社員ですけど、特に電話での敬語の使い方は難しくて、よく上司にしかられています。うちの会社は小さい会社で新入社員研修もないから、大学を卒業して急に敬語を使わなくちゃいけなくなって、本当に苦労しています。会社で仲がいい同僚と話した後で上司とばったり会った時、うっかり「ジーンズをはいたまま」話してしまったりするんですよね。

私も敬語の勉強、がんばりま～す！

コメント2： ガンバレ～！　　NAME： 一郎　20XX年9月26日

こんばんは。「敬語を着てみる」というのは面白い発想ですね。うちの子供も就職して今一年目なんですが、さくらさんみたいに敬語でずいぶん苦労しているようです。日本人だからといって、みんな敬語が上手に使えるわけではないんですよね。本屋さんに行くと、敬語の本がたくさんありますからねえ。

田中先生の学生さんにもぜひ敬語が上手に使えるようになってほしいですね。皆さん、頑張ってください。

【内容質問】

A.

1. 田中先生の学生がマクドナルドで困ったのはなぜですか。

2. どうして敬語は身近なものと言えるのでしょうか。

3. 14行目の「敬語を使わなくてはいけない状況」には、どんな例があると思いますか。二つ書きなさい。

4. 田中先生はどうして言葉も服を選ぶのと同じなのだと思っていますか。

5. ここの例以外に、「着ていく服を間違える」例をあげなさい。

6. 「ジーンズをはいたまま」話すというのは、どういう意味ですか。

7. 日本の本屋で敬語の本がたくさん売られているのは、なぜだと思いますか。

B.

1. 8行目の「イメージ」の修飾(しゅうしょく)部分(ぶぶん)はどこから始まりますか。最初の一語を書きなさい。

2. 9行目の「この学生」というのは、どの学生のことですか。

3. 21行目の「それは、私たちはどんな服装が……」の「それ」は、何を指(さ)しますか。

【語彙リスト】

▲ 意味がわかればいい言葉

行	語彙	読み	意味
	敬語	けいご	a polite expression
	ブログ	ブログ	a blog
	取り入れる	とりいれる	to incorporate; to adopt (Vt/-ru) 例：クラスにブログを取り入れる
2	店員	てんいん	a salesclerk
5	なぜ	なぜ	why
7	主（な）	おも（な）	main; major
	上司	じょうし	*one's* superior
	面接	めんせつ	an interview
	フォーマル（な）	フォーマル（な）	formal
	場面	ばめん	a scene; an occasion
8	イメージ	イメージ	an impression; an image
9	必要	ひつよう	need; necessity
10	日常生活	にちじょうせいかつ	everyday life
	例えば	たとえば	for example
11	注文	ちゅうもん	an order
	表現	ひょうげん	an expression
12	耳にする	みみにする	to happen to hear (Vt/irr) 例：悪いうわさを耳にする
	身近（な）	みぢか（な）	familiar
13	この他に	このほかに	in addition to this
14	状況	じょうきょう	a situation
	出てくる	でてくる	to emerge (Vi/irr) 例：問題が出てくる
19	視点	してん	a point of view
20	結婚式	けっこんしき	a wedding ceremony
▲	礼服	れいふく	formal dress

21		服装	ふくそう	clothes
22		ふさわしい	ふさわしい	suitable
24		出席する	しゅっせきする	to attend (Vi/irr) 例：明日の会議に出席する
		山登り	やまのぼり	mountain climbing
	▲	タキシード	タキシード	a dinner jacket; a tuxedo
27	▲	日々	ひび	every day
		適切（な）	てきせつ（な）	suitable; appropriate
28		相手	あいて	the other party [person]
コメント 1				
		苦労する	くろうする	to have a hard time (Vi/irr) 例：英語で苦労する
		新入社員	しんにゅうしゃいん	a new employee
		うちの〜	うちの	my
	▲	研修	けんしゅう	in-service training
		仲がいい	なかがいい	to be on friendly terms
		同僚	どうりょう	a colleague; a coworker; a fellow
	▲	ばったり	ばったり	(to meet) by chance
	▲	うっかり	うっかり	carelessly; absent-mindedly
コメント 2				
	▲	発想	はっそう	an idea
		就職する	しゅうしょくする	to get employed (Vi/irr) 例：会社に就職する

【漢字リスト】

敬 難 司 面 接 必 要 常 例
表 現 身 他 点 選 結 婚 葉
席 登 相 頃 供

新しい漢字を使った言葉

敬語	けいご
難しい	むずかしい
上**司**	じょうし
面接	めんせつ
必要	ひつよう
日**常**生活	にちじょうせいかつ
例えば	たとえば
表現	ひょうげん
身近（な）	みぢか（な）
この**他**に	このほかに
視**点**	してん
選ぶ	えらぶ
結婚式	けっこんしき
言**葉**	ことば
出**席**する	しゅっせきする
山**登**り	やまのぼり
相手	あいて
この**頃**	このごろ
子**供**	こども

【文法ノート】

I 敬語

<Verb>

特別な形

	尊敬語 (Respectful)	謙譲語 (Humble)
言う（言います）	おっしゃる （おっしゃいます）	申す[もう]（申します）
来る（来ます）	いらっしゃる （いらっしゃいます）	＜目上の人の所へ＞ うかがう（うかがいます） ＜それ以外の所へ＞ 参る（参ります）
行く（行きます）		
いる（います）		おる（おります）
する（します）	なさる（なさいます）	いたす（いたします）
食べる（食べます）	召し上がる[め・あ] （召し上がります）	いただく（いただきます）
飲む（飲みます）	召し上がる （召し上がります）	
見る（見ます）	ごらんになる （ごらんになります）	＜目上の相手の物を＞ 拝見[はいけん]する（拝見します）
知っている （知っています）	ご存[そん]じだ（ご存じです）	存じておる （存じております）
会う（会います）	—	お目にかかる （お目にかかります）
聞く（聞きます）	—	うかがう（うかがいます）
あげる（あげます）	—	さしあげる（さしあげます）
くれる（くれます）	くださる（くださいます）	—
もらう（もらいます）	—	いただく（いただきます）

普通の形

	尊敬語 (Respectful)	謙譲語 (Humble)
（例）話す （話します）	お + V stem + になる（なります） お話しになります	お + V stem + する（します） お話しします
	same forms as V passive 話されます	お + V stem + いたす （いたします） お話しいたします
		V causative + ていただく （いただきます） 話させていただきます

＜Verbal noun＞

	尊敬語 (Respectful)	謙譲語 (Humble)
（例）説明する	ご + VN + なさる （なさいます） ご説明なさいます	ご + VN + する／いたす （します／いたします） ご説明いたします
電話する	お + VN + なさる （なさいます） お電話なさいます	お + VN + する／いたす （します／いたします） お電話いたします

<Be-Verb>

	尊敬語 (Respectful)	ていねい語 (Polite)
Nだ(です) (例) 山田だ	Nでいらっしゃる (でいらっしゃいます) 山田さんでいらっしゃいます。	Nでござる (でございます) 山田でございます。

Note: Noun がある (あります) → Noun がござる (ございます)

(例) 客： そちらに、来年のカレンダーがありますか。
店員： はい、ございます。

<Noun>

尊敬語 (Respectful)
お時間　お子さん　お話 お仕事　お勉強
ご家族　ご両親（りょうしん）　ご兄弟　ご主人 ご結婚　ご旅行　ご病気　ご卒業

ていねい語 (Polite)
お水　お金　お茶　お肉 おもち　おかし　おはし おふろ　お天気

<Adjective>

尊敬語 (Respectful)
おひま　お元気　お好き おきらい　お上手　お忙しい
ごていねい　ご親切

II Noun₁ や／とか Noun₂ / Plain style sentence₁ とか Plain style sentence₂ } + といった Noun "Noun such as ~ and/or ~"

- 敬語は主に上司との会話<u>や</u>面接<u>といった</u>フォーマルな場面だけで使われているというイメージがあるかもしれません。
  (There may be the impression that formal speech is only used in formal situations such as speaking with a superior or during an interview.)

1. 私は、てんぷらやさしみといった日本料理が好きです。
2. パスポートとかさいふといった大切な物は黒いかばんに入れてあります。
3. この頃は、人が死んだとか爆発(ばくはつ)(explosion)があったといった暗いニュースが多い。
4. 今日は銀行に行くとか部屋を片付(かたづ)けるといった用事がたくさんあって、忙しかった。
5. 子供の時、テレビで＿＿＿＿＿＿＿＿＿＿＿＿＿＿＿＿＿。
6. ＿＿＿＿＿＿＿＿＿＿＿＿＿＿＿＿＿趣味(しゅみ)のある人と友達になりたい。

III V plain + より(も) "than ~"

- 敬語は皆さんが思っている<u>よりも</u>ずっと身近なものなんです。
  (*Keigo* is used much more often and in more familiar settings than you might think.)

1. 母は、料理は食べるよりも作る方が好きだと言った。
2. 試験は思ったよりやさしかった。
3. やせたいなら、運動しないよりした方がいいだろう。
4. 寝られない時は、薬を飲むより難しい本を読む方がいいんじゃないですか。
5. 漢字は＿＿＿＿＿＿＿＿＿＿＿＿＿＿が難しいと思います。
6. テニスは＿＿＿＿＿＿＿＿＿＿＿＿＿＿＿＿＿がおもしろい。

IV Plain style sentence / Noun } + なんて "something like ~"

This expression emphasizes disgust, contempt, or the otherwise negative feelings of the speaker.

- こんなことを言うと、「やっぱり敬語は難しい」なんて思う人がいるかもしれませんが、そんなに難しく考えることはありません。
  (If I say such a thing, there may be people that will have a thought that is something like "*keigo* is difficult after all," but there is no need to think so hard about it.)

1. 「愛(あい)している」なんて、はずかしくて家族には言えません。
2. 夫(おっと)は病気だなんてうそを言って、会社を休んでゴルフに行った。
3. あんな人とデートするなんて、やめた方がいいよ。
4. 彼は、お金があれば友達なんていらないと言っている。
5. ______________________ なんて、信(しん)じられない。
6. ______________________ なんて言わないでください。

V V dictionary + ことはない "it is not necessary to ~; there is no need to ~"

- そんなに難しく考えることはありません。
  (There is no need to think so hard about it.)

1. まだ時間はあるから、急ぐことはないよ。
2. 山田：田中さん、まだ来ませんけど……だいじょうぶでしょうか。
   佐藤(さとう)：いつも遅いから、そんなに心配(しんぱい)することはないでしょう。
3. 友子さんが悪いわけじゃないんだから、あやまることはありませんよ。
4. そんなに泣(な)くことはありませんよ。また頑張(がんば)ればいいんですから。
5. A：先生に、日本語の辞書を買うように言われたんだけど……。
   B：私のを貸してあげるから、______________________。
6. ______________________。Eメールを出せばいいんですよ。

VI V plain past affirmative / この、その、あの } + まま "as it is; leave ~ as it is"

- 「ジーンズをはいたまま」話してしまったりするんですよね。
  (You know, I sometimes end up speaking to him "while dressed in jeans.")

1. 時計をしたまま、おふろに入ってしまった。
2. ゆうべは勉強していて、電気をつけたまま寝てしまいました。
3. そのままにしておいてください。あとで私が片付(かたづ)けますから。
4. このままずっと今の仕事を続(つづ)けたい。
5. ズボンのポケットにお金を＿＿＿＿＿＿＿＿、洗濯(せんたく)してしまいました。
6. 窓(まど)を＿＿＿＿＿＿＿＿寝ると、かぜをひいてしまいますよ。

VII みたい

みたい is a colloquial equivalent of よう.

A. Noun/V plain + みたい "like ~"

- さくらさんみたいに敬語でずいぶん苦労しているようです。
  (Like Sakura, he seems to be having a very hard time with *keigo*.)

1. 今日は本当に暑(あつ)くて、夏みたいですね。
2. 将来(しょうらい)、田中さんみたいな人と結婚したいです。
3. 山本さんみたいに上手に泳げたらいいんですけど。
4. その犬は足の先(さき)が白くて、ソックスをはいているみたいだった。
5. ホワイトさんは＿＿＿＿＿＿＿＿＿＿＿＿＿＿ピアノが上手だ。
6. 初(はじ)めて＿＿＿＿＿＿＿を飲んだ時、＿＿＿＿＿＿＿＿＿と思いました。

第2課 敬語

B. Plain style sentence + みたい "it seems that ~ ; it appears that ~"
(だ is dropped.)

1. となりの家で、パーティーをしているみたいです。
2. この学生はアニメが好きみたいだ。
3. 先生の電話番号はだれも知らないみたいだ。
4. 妹が泣(な)いている。何かあったみたいだ。
5. あそこに人がたくさん集まっている。＿＿＿＿＿＿＿＿＿＿。
6. ＿＿＿＿＿＿＿＿＿＿。彼は歌を歌うのがきらいみたいだ。

VIII Plain style sentence + わけではない "it doesn't mean that ~; it's not that ~" (だ is replaced by な.)

This pattern often follows "〜からといって（必ずしも）".

- 日本人だからといって、みんな敬語が上手に使えるわけではないんですよね。
  (Just because they are Japanese, it does not mean that they can all use *keigo* well.)

1. 試験の前ですが、一日中勉強しているわけではありません。
2. 日本人だからといって、必ずしもすしが好きなわけではない。
3. この本は漢字が多いけれど、読めないわけではありません。
4. A：あれっ、どうして食べないんですか。きらいなんですか。
   B：いいえ、きらいなわけじゃないんですけど……。
5. 学生だからといって、＿＿＿＿＿＿＿＿＿＿。
6. ＿＿＿＿＿＿＿＿＿＿からといって、＿＿＿＿＿＿＿＿＿＿。

◆ 話しましょう　ゲストの紹介

＊まわりに日本人の知り合いがいる場合は→①
＊いない場合は→②

① 日本人にインタビュー

あなたのクラスに、日本人のゲストを招待して、お話ししていただきます。あなたはその人を紹介するように頼まれました。初めに、下の質問をしてメモをしてください。

名前	
今の仕事先 （大学名、会社名など）	
出身地 (hometown) や出身校 (alma mater)	
仕事・勉強・研究など	
その他（自分で考えた質問） 1． 2． 3．	
スピーチのトピック	

聞いたことをもとにして、紹介のスピーチをしてみてください。

<よく使われる表現>

- こちらは○○さんでいらっしゃいます。
- ○○さんは、～なさいました。～ていらっしゃいました。お～になりました。など
- 今日は～についてお話してくださいます。
- それでは○○さん、どうぞよろしくお願いいたします。

② クラスメートとロールプレイ

ロールA：あなたの好きな日本人の有名人（作家、芸術家、マンガ家、スポーツ選手、歌手など）を一人選んで、その人になったつもりでインタビューに答えてください。初めに、下の表にインターネットなどを使ってその人についての情報を書いておいてください。

＊芸術家 = an artist
＊選手 = an athlete

名前	
今の仕事先 (大学名、会社名など)	
出身地 (hometown) や出身校 (alma mater)	
仕事・勉強・研究など	
スピーチのトピック	

ロールB：あなたの大学に、日本人の有名人（ロールA）を招待して、特別講演をしてもらいます。あなたはその人を紹介するように頼まれました。初めに、下の質問をしてメモをしてください。

＊講演 = a lecture

名前	
今の仕事先 （大学名、会社名など）	
出身地 (hometown) や出身校 (alma mater)	
仕事・勉強・研究など	
その他（自分で考えた質問） 1. 2. 3.	
スピーチのトピック	

聞いたことをもとにして、紹介のスピーチをしてみてください。

<よく使われる表現>

- こちらは○○さんでいらっしゃいます。
- ○○さんは、～なさいました。～ていらっしゃいました。お～になりました。etc.
- 今日は～についてお話してくださいます。
- それでは○○さん、どうぞよろしくお願いいたします。

◆ 聞きましょう　留学生(りゅうがくせい)とホテルの受付(うけつけ)の会話

言葉				
	登録(とうろく)	registration (for check-in)	～泊(はく)	~ nights
	本日(ほんじつ)	today	朝食(ちょうしょく)	breakfast
	用意(ようい)する	to prepare	バイキング	buffet-style

質問

1. 客はこのホテルに何泊(なんぱく)しますか。

2. 客はタバコを吸(す)いますか。

3. 朝食(ちょうしょく)の時間は何時から何時までですか。

4. このホテルではどんな朝食が食べられますか。

5. 朝食は何階(なんがい)で食べられますか。

◆ 読みましょう　インターネット掲示板・悩み相談

言葉		
	悩み	a trouble; a worry
	なれなれしい	an attitude that is overly familiar and without much respect
	腹が立つ	to get angry; to be furious
	注意する	to correct *someone's* behavior
	いわゆる	so-called
	近づく	to approach *something* or *someone*
	様子を見る	to give *something* or *someone* a little more time
	わざと	intentionally

＜後輩が「なれなれしく」話すので、腹が立ちます！＞

相談

会社に入ってきたばかりの23歳の女性に、なれなれしく話されて腹が立っています。決して悪い人というわけじゃないんですが、正直、ちょっとムカついています。私は彼女よりずっと年上で、もう何年も会社にいる先輩です。でも、注意なんかしたら、人間関係が悪くなりそうだし……。どうしたらいいでしょうか。

1: 山ちゃん さんの回答

私は、仕事をちゃんとしていて悪い人じゃなければ、「友達言葉」（いわゆる「タメ口」）を使われても、あまり気にしないようにしています。あなたの気持ちはわかりますが、これはその人の問題だと思います。何も言わないで、あまり近づかないようにしたらどうでしょうか。そうしていれば、だんだん彼女もあなたの気持ちに気がつくでしょう。

2: マロ さんの回答

その人は、あなたにだけそんな言葉を使うんでしょうか。それなら、彼女はあなたと仲よくなりたいんじゃないですか。まだ若いんだし、会社に入ったばかりで社会経験(けいけん)がないんですから、もうちょっと様子(ようす)を見てみたらどうですか。もし会社のだれにでもそんな話し方をするようなら、先輩として注意してあげてもいいんじゃないかと思います。

3: えだまめ さんの回答

それは腹が立ちますよね。私だったら、その人にわざと敬語で答えます。友達言葉で話されても、あなたがずっと敬語で話し続けたら、彼女もそんな話し方は適切ではないということがわかると思いますよ。

質問

1.「山ちゃんさん」はどんなアドバイスをしましたか。

2.「マロさん」はどんなアドバイスをしましたか。

3.「えだまめさん」は、自分だったらどうすると言っていますか。それはどうしてですか。

4. あなたなら、どんなアドバイスをしますか。

◆ 書きましょう　Eメール

あなたは今年の夏日本に留学したいと思っていますが、そのためには日本語の先生の推薦状が必要です。そこで、一年生の時の日本語の先生にEメールを書いて、お願いすることにしました。

＊Eメールで先生に推薦状を頼むときの注意：

（1）　敬語を使って、ていねいに書きましょう。

（2）　締め切りの二、三週間前には頼みましょう。

＊締め切り = a deadline

差出人：　mary_brown@nihongo.com
件名：　お願い
日時：　20XX年○月△日
宛先：　yamashita_hideki@university.edu

あいさつ

（例）　**山下先生、**
お元気ですか。去年、先生の一年生のクラスにいたメアリー・ブラウンです。

Eメールの目的

（例）　**実は、お願いしたいことがあって、Eメールを書いています。**

内容　お願いの内容について、くわしく書きます

- なぜ推薦状が必要か
- いつまでに必要か
- その他（推薦状のための用紙、送り方について、など）

＊用紙 = a form

結びの言葉

（例）　**どうぞよろしくお願いいたします。**

自分の名前

（例）　**メアリー・ブラウン**

◆ 楽しみましょう　シャドーイング (Shadowing)

"Shadowing" is a method where a person begins to repeat the model aloud as soon as s/he hears it. It is considered effective in developing the overall listening and speaking ability for language, especially in the areas of accent and pronunciation.

次の買い物の場面(ばめん)の会話を聞いて、シャドーイングしてみましょう。

> 留学生(りゅうがくせい)のチェンさんが留学生センター (international student office) の山口さんに相談(そうだん)に行く。

1. 初めに、会話を止めずに、学生の話している部分(ぶぶん)をまねて、言ってみましょう。
   - 意味がわからなくても、気にしないでやってみましょう。
   - 全部言えなくても、できる部分だけ言ってみましょう。

＊部分(ぶぶん) = a part

＊まねる = to copy; to imitate

2. 学生の部分を一文ずつ止めて、その文を全部言ってみましょう。

第三課

気候

◆ 初めに・・・話し合ってみましょう

◆ 読み物「日本の気候と温暖化」

【本文】

【内容質問】

【語彙リスト】

【漢字リスト】

【文法ノート】

◆ 話しましょう　ディベート

◆ 聞きましょう　ニュースレポート

◆ 読みましょう　日本から"春"が消える日？

◆ 書きましょう　作文コンクール

◆ 楽しみましょう　日本と世界の地理（ちり）クイズ

◆ 初めに・・・話し合ってみましょう

1. りんごが一番多くとれるのはどこだと思いますか。

(A: 青森県(あおもりけん)　B: 静岡県(しずおかけん)　C: 鹿児島県(かごしまけん))

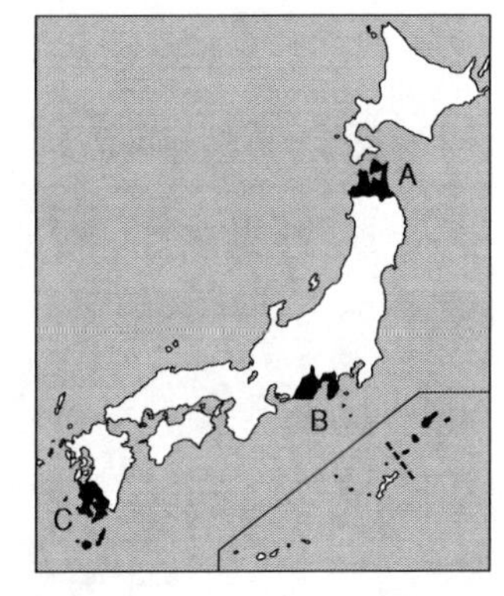

2. みかんが一番多くとれるのはどこだと思いますか。

(A: 秋田県(あきたけん)　B: 石川県(いしかわけん)　C: 愛媛県(えひめけん))

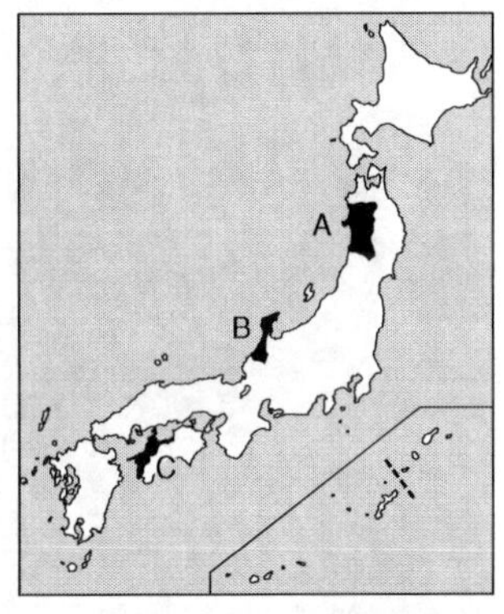

3. パイナップルが一番多くとれるのはどこだと思いますか。

(A: 北海道(ほっかいどう)　B: 長崎県(ながさきけん)　C: 沖縄県(おきなわけん))

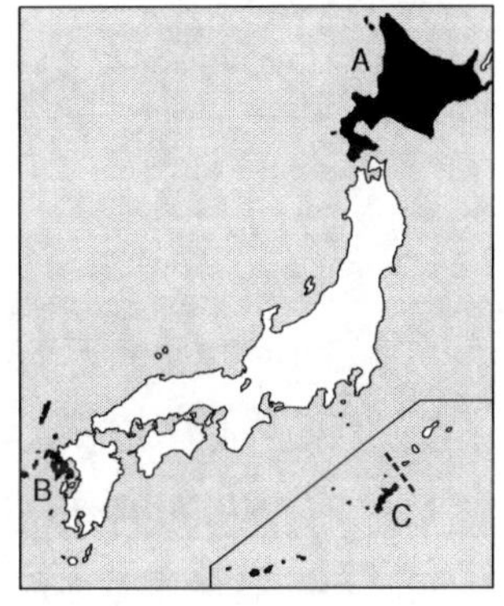

4. あなたの出身地(しゅっしんち)の気候はどんな気候ですか。簡単(かんたん)に説明してください。

あなたの出身地で有名な特産物(とくさんぶつ)がありますか。それは何ですか。

＊特産物(とくさんぶつ) = a special product

◆ 読み物 【本文】

日本の気候と温暖化

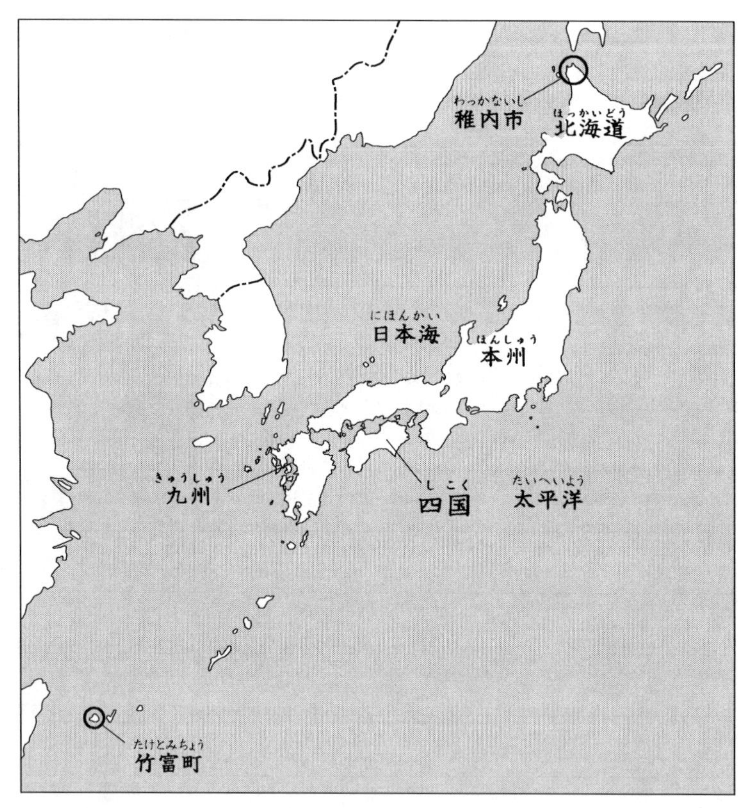

日本は地図で見ると小さい国であるため、日本の気候は全国どこでも同じであるような印象を与えるが、実は地域によって異なる。

日本はアメリカ合衆国の約二十五分の一の広さで、アジア大陸の東に北東から南西にかけて細長くつらなっている。北から、北海道、本州、四国、九州の四つの大きな島が、さらにその南には沖縄諸島が並んでいる。一番北の町、稚内市はカナダのモントリオールと同じ緯度にあり、最も南にある竹富町はホノルルと緯度がほとんど同じであるということからわかるように、北海道と沖縄では

◆ 読み物 【本文】

日本の気候と温暖化

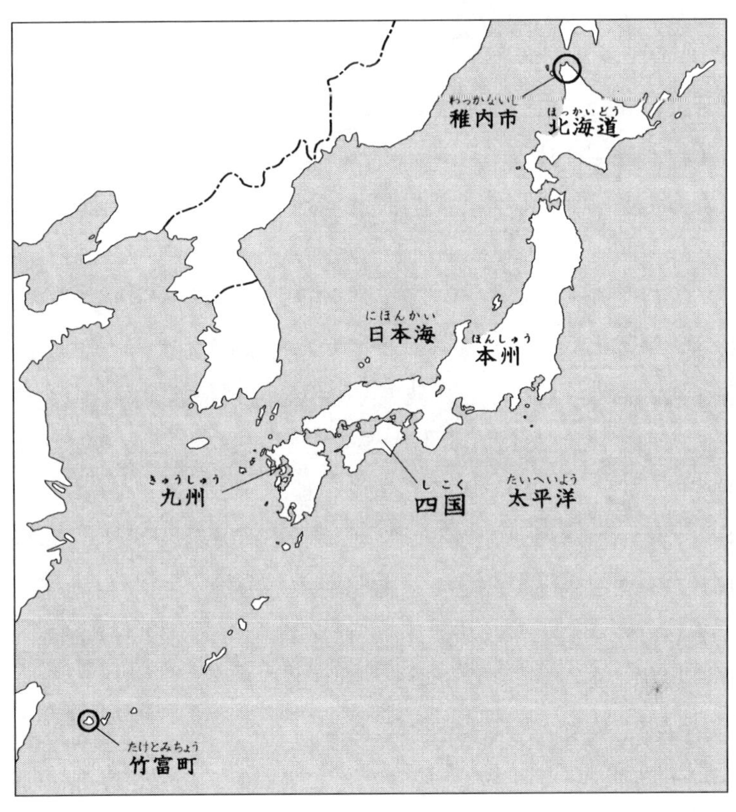

日本は地図で見ると小さい国であるため、日本の気候は全国どこでも同じであるような印象を与えるが、実は地域によって異なる。

日本はアメリカ合衆国の約二十五分の一の広さで、アジア大陸の東に北東から南西にかけて細長くつらなっている。北から、北海道、本州、四国、九州の四つの大きな島が、さらにその南には沖縄諸島が並んでいる。一番北の町、稚内市はカナダのモントリオールと同じ緯度にあり、最も南にある竹富町はホノルルと緯度がほとんど同じであるということからわかるように、北海道と沖縄では気候が大きく異なる。北海道の夏は涼しくて過ごしやすいが、冬は寒くて雪が多い。それに対して、沖縄は一番気温の低い一月でも平均気温が15度以上で、セーターが必要になるほど寒くなることはほとんどない。

また、日本の中央には高い山々がつらなっているため、気候は太平洋側と日本海側でも違う。太平洋側では夏は南東からの季節風の影響で雨がよく降り、冬は晴れた日が多い一方、日本海側では大陸からの冷たい季節風により冬に雪や雨が多い。

このように日本の気候は場所によって違うが、一般には四月と五月、また、九月下旬から十一月中旬にかけてが暑くも寒くもなく、最も過ごしやすい時である。六月から七月の初めにかけては、北海道以外の地域は梅雨と呼ばれる雨が多い時期で、じめじめした天気が続き、カビが生えやすい。しかし、この雨は米作りにとっては欠かせないものである。七月、八月はじっとしていても汗が出るほど蒸し暑い日が多い。八月から九月にかけては台風のシーズンで、毎年風や大雨により作物がだめになるなどの被害を受ける地域もある。

このような気候の日本では、気温、湿度が高い夏を過ごしやすくするため、伝統的な住宅は、取り外しができるふすまやしょうじを使って風通しがよくなるように作られている。しかし、最近ではそのような伝統的な住宅は減り、特に都会では鉄とコンクリートでできた建物が増えてきて、エアコンが使われるようになった。そして、それは二酸化炭素（CO_2）とともにヒートアイランド現象という「温暖化」の原因の一つとなっているのである。

東京の現在の気温は百年前に比べて5度高くなっていると言われている。気温の1度の違いは、緯度100キロに当たると言われており、気温が5度高くなったということは、500キロ南に下がったということである。つまり、現在の東京の気温は、百年前の九州の鹿児島県と同じだというわけである。そして、もしこのまま都会だけでなく日本全体で温暖化が進むと、梅雨が長くなったり、台風が大型になり、その被害も大きくなったりすると言われている。また、暑さによる病気が増えるなど、いろいろな問題が出てくる可能性がある。

気候が大きく異なる。北海道の夏は涼しくて過ごしやすいが、冬は寒くて雪が多い。それに対して、沖縄は一番気温の低い一月でも平均気温が15度以上で、セーターが必要になるほど寒くなることはほとんどない。

また、日本の中央には高い山々がつらなっているため、気候は太平洋側と日本海側でも違う。太平洋側では夏は南東からの季節風の影響で雨がよく降り、冬は晴れた日が多い一方、日本海側では大陸からの冷たい季節風により冬に雪や雨が多い。

このように日本の気候は場所によって違うが、一般には四月と五月、また、九月下旬から十一月中旬にかけてが暑くも寒くもなく、最も過ごしやすい時である。六月から七月の初めにかけては、北海道以外の地域は梅雨と呼ばれる雨が多い時期で、じめじめした天気が続き、カビが生えやすい。しかし、この雨は米作りにとっては欠かせないものである。七月、八月はじっとしていても汗が出るほど蒸し暑い日が多い。八月から九月にかけては台風のシーズンで、毎年風や大雨により作物がだめになるなどの被害を受ける地域もある。

このような気候の日本では、気温、湿度が高い夏を過ごしやすくするため、伝統的な住宅は、取り外しができるふすまやしょうじを使って風通しがよくなるように作られている。しかし、最近ではそのような伝統的な住宅は減り、特に都会では鉄とコンクリートでできた建物が増えてきて、エアコンが使われるようになった。そして、それは二酸化炭素（CO_2）とともにヒートアイランド現象という「温暖化」の原因の一つとなっているのである。

東京の現在の気温は百年前に比べて５度高くなっていると言われている。気温の１度の違いは、緯度100キロに当たると言われており、気温が5度高くなったということは、500キロ南に下がったということである。つまり、現在の東京の気温は、百年前の九州の鹿児島県と同じだというわけである。そして、もしこのまま都会だけでなく日本全体で温暖化が進むと、梅雨が長くなったり、台風が大型になり、その被害も大きくなったりすると言われている。また、暑さによる病気が増えるなど、いろいろな問題が出てくる可能性がある。

そこで、温暖化の主な原因である二酸化炭素を減らすために、国や都道府県で、できるだけ電力を使わないようにするなどのいろいろな対策が考えられている。また、気温を下げるために、屋上に木や野菜などを植えるとか、公園の緑（みどり）を増やすなどして、自然の力を取り入れる工夫も少しずつされるようになっている。

個人レベルでも、夏に冷房の温度を上げて電力を節約するとか、昔（むかし）の人がしたように道に水をまいて気温が上がるのを少しでも防ぐなどの努力がされている。しかし、まだ十分だとは言えないだろう。

気候の変化をもたらす温暖化は日本だけではなく、地球全体の問題である。地球の未来は私たちが温暖化を防ぐためにこれからどのような努力をしていくかにかかっているのではないだろうか。

そこで、温暖化の主な原因である二酸化炭素を減らすために、国や都道府県で、できるだけ電力を使わないようにするなどのいろいろな対策が考えられている。また、気温を下げるために、屋上に木や野菜などを植えるとか、公園の緑を増やすなどして、自然の力を取り入れる工夫も少しずつされるようになっている。

個人レベルでも、夏に冷房の温度を上げて電力を節約するとか、昔の人がしたように道に水をまいて気温が上がるのを少しでも防ぐなどの努力がされている。しかし、まだ十分だとは言えないだろう。

気候の変化をもたらす温暖化は日本だけではなく、地球全体の問題である。地球の未来は私たちが温暖化を防ぐためにこれからどのような努力をしていくかにかかっているのではないだろうか。

【内容質問】

A.

1. 日本はどこでも同じような気候であるという印象を与えるのはなぜですか。

2. 冬の気候は、北海道と沖縄(おきなわ)ではどう違いますか。

3. 太平洋側と日本海側の気候はどう違いますか。それはどうしてですか。

4. 北海道の気候が日本のほかの地域と違う点は何ですか。

5. 梅雨がなかったら、どんな影響があると思いますか。

6. 日本の伝統的な住宅と、最近の建物の違いは何ですか。

7. このまま温暖化が進むと、どんな問題が出てきますか。

8. あなたは温暖化を防ぐために何かしていますか。何ができると思いますか。

B.

1. 7行目の「...同じであるということからわかるように、……」の「こと」の修飾部分(しゅうしょくぶぶん)はどこから始まりますか。最初の一語を書きなさい。

2. 18行目の「この雨」は何を指(さ)しますか。

3. 26行目の「それは二酸化炭素(にさんかたんそ)(CO_2)とともに……」の「それ」は何を指しますか。

4. 46行目の「しかし、まだ十分だとは言えないだろう。」は、何が十分だとは言えないのですか。

【語彙リスト】

▲ 意味がわかればいい言葉

行		語彙	読み	意味
		気候	きこう	the climate
		温暖化	おんだんか	progressive warming
2		印象	いんしょう	an impression
		与える	あたえる	to give (Vt/-ru) 例：答えを与える
		異なる	ことなる	to vary (Vi/-u) 例：考え方が異なる
3		アメリカ合衆国	アメリカがっしゅうこく	the United States of America
		約〜	やく〜	approximately
		二十五分の一	にじゅうごぶんのいち	one twenty-fifth (1/25)
		アジア大陸	アジアたいりく	the continent of Asia
		北東	ほくとう	northeast
4		南西	なんせい	southwest
		細長い	ほそながい	long and narrow
	▲	つらなる	つらなる	to stretch (Vi/-u) 例：島がつらなる
5		島	しま	an island
		さらに	さらに	moreover; furthermore
		並ぶ	ならぶ	to line up (Vi/-u) 例：店の前に人が並んでいる
6	▲	緯度	いど	latitude
		最も	もっとも	the most
9		気温	きおん	air temperature
		平均	へいきん	an average
11		中央	ちゅうおう	the center; the middle
		太平洋	たいへいよう	the Pacific Ocean
		〜側	〜がわ	~ side
12		日本海	にほんかい	the Sea of Japan

		南東	なんとう	southeast
	▲	季節風	きせつふう	a seasonal wind
13		一方	いっぽう	while; on the other hand
16		下旬	げじゅん	the last ten days (of a month)
		中旬	ちゅうじゅん	the middle ten days (of a month)
17		梅雨	つゆ	the rainy season
18		時期	じき	a period; a season
	▲	じめじめする	じめじめする	to be damp; to be highly humid (Vi/irr) 例：このたたみは、じめじめする
	▲	カビ	かび	mold
		生える	はえる	to grow (Vi/-ru) 例：木が生える
19	▲	米作り	こめづくり	rice cultivation
	▲	じっとしている	じっとしている	to stay still (Vi/-ru) 例：犬がベッドの上でじっとしている
		汗が出る	あせがでる	to sweat; to perspire (Vi/-ru) 例：走ると汗が出る
20		蒸し暑い	むしあつい	muggy; humid
		台風	たいふう	a typhoon
21		大雨	おおあめ	heavy rain; a downpour
	▲	作物	さくもつ	crops; farm products
		だめになる	だめになる	to be ruined (Vi/-u) 例：野菜がだめになる
		被害	ひがい	damage; harm
22		湿度	しつど	humidity
23		伝統的（な）	でんとうてき（な）	traditional
		住宅	じゅうたく	a house
		取り外しができる	とりはずしができる	removable
	▲	ふすま	ふすま	a *fusuma*, a Japanese sliding door
	▲	しょうじ	しょうじ	a *shoji*, a paper sliding door
	▲	風通し	かぜとおし	ventilation
24		減る	へる	to decrease (Vi/-u) 例：人口が減る

25		都会	とかい	a city
		鉄	てつ	iron; steel
	▲	コンクリート	コンクリート	concrete
26	▲	二酸化炭素	にさんかたんそ	carbon dioxide
		(〜と) ともに	(〜と) ともに	along with
	▲	ヒートアイランド現象	ヒートアイランドげんしょう	a heat island phenomenon
27		原因	げんいん	a cause
28		現在	げんざい	the present time
		(〜に) 比べて	(〜に) くらべて	compared with
29		当たる	あたる	to be equivalent to (Vi/-u) 例：彼は私のおじに当たる
34		〜全体	〜ぜんたい	all of
		進む	すすむ	to progress; to proceed (Vi/-u) 例：国際化が進む
35	▲	大型の〜	おおがたの〜	large-sized; big
37		〜による	〜による	caused by
38		可能性	かのうせい	possibility
39		そこで	そこで	therefore; so
		減らす	へらす	to decrease (Vt/-u) 例：たばこを減らす
		都道府県	とどうふけん	prefectures (the administrative divisions of Japan)
40		電力	でんりょく	electric power
		対策	たいさく	measures
41		屋上	おくじょう	the housetop; the roof
		植える	うえる	to plant (Vt/-ru) 例：木を植える
	▲	緑	みどり	greenery; verdure
42		増やす	ふやす	to increase (Vt/-u) 例：勉強の時間を増やす
		自然	しぜん	nature
		力	ちから	power
		工夫	くふう	a contrivance

44		個人	こじん	an individual
		冷房	れいぼう	air conditioning
		節約する	せつやくする	to save (Vt/irr) 例：お金を節約する
45	▲	（水を）まく	（みずを）まく	to sprinkle (water) (Vt/-u) 例：庭に水をまく
		防ぐ	ふせぐ	to prevent (Vt/-u) 例：事故を防ぐ
		努力	どりょく	an effort
46		十分（な）	じゅうぶん（な）	enough
47		変化	へんか	a change
	▲	もたらす	もたらす	to bring about (Vt/-u) 例：台風が被害をもたらす
		地球	ちきゅう	the earth
48		未来	みらい	the future
49	▲	かかる	かかる	to depend on; to be up to (Vi/-u) 例：地球の未来は人々の努力にかかっている

【漢字リスト】

候　温　暖　化　実　約　州　島　涼　寒　冷
場　暑　期　続　宅　取　在　比　進　主　公
園　然

新しい漢字を使った言葉

気**候**	きこう
温暖化	おんだんか
実は	じつは
約	やく
本**州**	ほんしゅう
島	しま
涼しい	すずしい
寒い	さむい
冷たい	つめたい
場所	ばしょ
暑い	あつい
時**期**	じき
続く	つづく
住**宅**	じゅうたく
取り外し	とりはずし
現**在**	げんざい
比べて	くらべて
進む	すすむ
主（な）	おも（な）
公園	こうえん
自**然**	しぜん

【文法ノート】

I である体(たい) (formal written style)

である is the formal equivalent of だ. It is mainly used in formal writing, such as expository writing and academic theses. You will learn more about this style in Chapter 5.

～である	=	～だ
～であった	=	～だった
～であり、……	=	～で、……
～であろう	=	～だろう

- 日本は地図で見ると小さい国であるため、日本の気候は全国どこでも同じであるような印象を与えるが、……
  (Since Japan looks so small on a map, many have the impression that the climate in Japan is the same everywhere; however, . . .)

1. ここは車が多くて、歩くのが危険(きけん)である。
2. 江戸(えど)は昔(むかし)、日本の政治(せいじ)の中心であり、文化の中心であった。
3. 世界は大きく変わるであろう。

In written Japanese, the verb stem is quite often used in place of the て-form.

- 稚内市(わっかないし)はカナダのモントリオールと同じ緯度(いど)にあり、……。
  (Wakkanai-city is located at the same latitude as Montreal in Canada, and . . .)

1. 家に帰り、晩ごはんを作る。
2. 家族が集まり、お正月料理を食べながら新年を祝(いわ)う。
3. ゆうべは、友達に会い、一緒(いっしょ)に食事をし、映画を見た。

Note: The only exception is います, whose verb stem cannot be used. The stem of the verb おる, which is the humble form of いる, is used instead.

- 気温の1度の違いは、緯度100キロに当たると言われており、……
  (It has been said that a 1°C difference in temperature equals a 100 km difference in latitude, and . . .)

1. 部屋にかぎがかかっており、入ることができない。
2. きのうは一日中家におり、仕事をしていた。
3. 電車は込んでおり、ずっと立っていなければならなかった。

As for adjectives, the て in the て-form is often dropped in this case.

- 暑くも寒くもなく、最も過ごしやすい時である。
  (It is the time when it's neither hot nor cold and it's the most comfortable.)

1. 日本の六月は雨が多く、蒸(む)し暑い。
2. 最近、非常(ひじょう)に忙しく、映画を見に行く時間が全然ない。
3. 私は子供の頃は体が弱く、よく学校を休んだ。

II Noun + のため (に) "because of ~"
Plain style sentence + ため (に) "because ~"
(Noun である／な Adj. な)

This expression is often used in writing.

- 日本は地図で見ると小さい国であるため、日本の気候は全国どこでも同じであるような印象を与えるが、……
  (Since Japan looks so small on a map, many have the impression that the climate in Japan is the same everywhere; however, . . .)

1. 足のけがのため、ハイキングに行けなかった。
2. ここは高い所にあるため、夏も涼しい。
3. 今年の春は暖かかったために、いつもより早くさくらが咲(さ)いた。
4. 奨学金(しょうがくきん) (scholarship) がもらえなかったため、留学(りゅうがく)をあきらめなければならなかった。
5. コンピューターがこわれたために、＿＿＿＿＿＿＿＿＿＿＿＿。
6. ＿＿＿＿＿＿＿＿＿＿＿＿＿＿＿＿ため、電車が遅れた。

III V plain + ように "as one does/did ~"

- 最も南にある竹富町（たけとみちょう）はホノルルと緯度（いど）がほとんど同じであるということからわかる<u>ように</u>……
(As one can tell from the fact that Taketomi-cho is at about the same latitude as Honolulu, . . .)

1. ここに書いてあるように、今日はこの駅に電車は止まりませんよ。
2. 友達から聞いていたように、このクラスはとても大変だ。
3. 先日電話でお伝（つた）えしたように、今晩のパーティーにはフォーマルな服装（ふくそう）で来てください。
4. この資料（しりょう）を見ればわかるように、国際結婚が最近増（ふ）えています。
5. 皆さんも知っているように、＿＿＿＿＿＿＿＿＿＿＿＿＿＿＿＿＿＿＿＿。
6. ＿＿＿＿＿＿＿＿＿＿、明日はクラスがありません。

IV V plain non-past + ほど／ぐらい "to the extent that ~; so ~ that ~"

- セーターが必要になる<u>ほど</u>寒くなる……
(It becomes so cold that you need a sweater . . .)

1. この頃、週末（しゅうまつ）も働かなければならないほど忙しい。
2. おかしくて、おなかが痛くなるほど笑（わら）った。
3. この漢字は、日本人でも書けない人がいるぐらい難しい。
4. バレンタインデーに、一人で食べられないぐらいチョコレートをもらいたい。
5. ＿＿＿＿＿＿＿＿＿＿＿＿＿＿＿＿＿＿＿＿おなかがすいた。
6. 今日は、＿＿＿＿＿＿＿＿＿＿＿＿＿＿＿＿＿＿＿＿暑いですねえ。

V Plain non-past + ことがある "there are times when ~"
(だ is replaced by の in the case of a Noun, and by な in the case of a な Adj.)

- セーターが必要になるほど寒くなることはほとんどない。
  (It rarely becomes so cold that you need a sweater.)

1. 天気がいい日には、東京から富士山(ふじさん)が見えることがある。
2. クラスに遅れることはありますが、休むことはありません。
3. トンプソンさんのスピーチはたいてい短いけれど、たまに長いことがある。
4. この辺はいつもうるさいけれど、静(しず)かなこともある。
5. たいてい、朝シャワーをあびますが、____________________________ こともあります。
6. ホワイトさんはまじめで、________________________________ ことはない。

VI
Noun$_1$ でも Noun$_2$ でも		
い Adj.$_{-1}$くも い Adj.$_{-2}$くも	+ ない	"neither ~ nor ~"
な Adj.$_{-1}$でも な Adj.$_{-2}$でも		

This expression implies a condition that is somewhere between what Noun/Adj.$_{1}$ and Noun/Adj.$_{2}$ describe.

- 暑くも寒くもなく、最も過ごしやすい時である。
  (It is the time when it's neither hot nor cold and it's the most comfortable.)

1. この辺は、都会でもいなかでもない。
2. 先週の試験の結果(けっか)は、よくも悪くもなかった。
3. 彼のことは、好きでもきらいでもありません。
4. あのレストランは高くも安くもありません。
5. 今学期のプロジェクトは、特に___________________________________。
6. この服は_______________________、ちょうどいいです。

VII Plain style sentence$_1$ + ということは Plain style sentence$_2$ + ということである "S_1 is interpreted as S_2"

- 気温が5度高くなったということは、500キロ南に下がったということである。
  (The fact that the temperature has risen by 5° means that it is as if Tokyo has moved 500 km to the south.)

1. 先生が来られないということは、今日は授業(じゅぎょう)がないということですね。
2. まだ病気だということは、今日も仕事に来られないということですね。
3. お金がないということは、今日は払えないということですか。
4. 生きるということは、ほかの物の命(いのち) (a life) をもらうということである。
5. 大学四年生だということは、＿＿＿＿＿＿＿＿＿＿＿＿＿＿＿＿ですね。
6. 19歳(さい)だということは、日本では＿＿＿＿＿＿＿＿＿＿＿＿＿＿＿＿ですね。

VIII Vて + いく "continue ~ing; go on ~ing; change to ~"

V て + いく describes a temporal or conceptual change, as seen from the speaker's point of view, in which something is moving away from the speaker. This contrasts with V て + くる in which something is moving towards the speaker. It is also used to describe a continuing action from the present to future.

- これからどのような努力をしていくか ……
  (What kind of effort we put into it from this point on . . .)

1. 現在使われている言葉の中には、将来(しょうらい)消えていくものもあるだろう。
2. 温暖化を防(ふせ)ぐためには、緑(みどり)を増(ふ)やしていかなければならない。
3. 新しい仕事は、初(はじ)めは大変でもだんだん楽になっていくでしょう。
4. この町はこれからもっと変わっていくでしょう。
5. 石油(せきゆ)の値段(ねだん)は、これから＿＿＿＿＿＿＿＿＿＿＿＿＿＿＿＿。
6. これからは、私達の生活はもっと＿＿＿＿＿＿＿＿＿＿＿＿＿＿＿＿。

IX Plain style sentence + (だ is replaced by な.) {のではないだろうか / んじゃないでしょうか} "It is my belief that ~; ~, don't you think?"

This expression functions as a rhetorical question, and states one's argument/belief/opinion in question form.

- これからどのような努力をしていくかにかかっているのではないだろうか。
  (I believe it depends on what kind of effort we put into it from this point on.)

1. 一日に新しい言葉を五十も覚えるのは、無理なのではないだろうか。
2. こんなに難しい漢字は、日本人でも読めないのではないでしょうか。
3. 山田さん、三日もクラスを休んでいますよ。病気なんじゃないでしょうか。
4. 彼女、最近少しやせたんじゃないでしょうか。
5. 漢字を1500字ぐらい知っていれば、＿＿＿＿＿＿＿＿＿＿＿＿＿＿。
6. 温暖化が進むと、＿＿＿＿＿＿＿＿＿＿＿＿＿＿。

◆ 話しましょう　ディベート

クラスでディベートをしてみましょう。

トピック　都会の生活といなかの生活、どちらの方がいいでしょうか？

1. まず、都会の生活といなかの生活、それぞれにいい点と悪い点をなるべくたくさん考えてみて、メモをしておきましょう。

	都会の生活	いなかの生活
いい点		
悪い点		

2. 都会チームといなかチームに別れて、ディベートをしてみましょう。

＜ディベートのフォーマット＞

① それぞれのチームが、自分たちの意見を簡単に説明する。（1チーム2分ぐらい）

② 相手チームにどう反対するか、チームメートと話し合う。（2分ぐらい）

③ それぞれのチームが相手チームへの反対意見を言う。（1チーム2分ぐらい）

④ どちらのチームも自由に意見を言う。（5分ぐらい）

⑤ 最後に、審査員がどちらのチームが勝ったか決める。

＊意見 = an opinion

＊審査員 = a judge

<ディベートでよく使われる表現>

- 私は { ～と思います。 / ～んじゃないかと思います。
- ～んじゃないでしょうか。
- そうかもしれませんねえ。でも、……。
- ○○さんは～とおっしゃいましたが、 { 私はそうは思いません。 / そんなことはありませんよ。 / それはちょっと違うんじゃないでしょうか。

3. 時間があったら、ほかのトピックを考えてディベートをしてみましょう。

◆ 聞きましょう　ニュースレポート

言葉				
	稲刈り（いねかり）	harvesting rice	稲（いね）	a rice plant
	田植え（たうえ）	rice-planting	サツマイモ	a sweet potato
	収穫（しゅうかく）	a harvest; harvesting	県庁（けんちょう）	a prefectural office

質問

1. 男の人は何がいいアイディアだと言っていましたか。

2. この会社が屋上（おくじょう）に植えるものに、稲（いね）を選んだのはなぜですか。

3. 屋上で稲作り（いねづくり）をした場合としない場合では、どんな違いがありましたか。

4. 女の子は、サツマイモの味はどうだったと言いましたか。

5. 埼玉県庁（さいたまけんちょう）では、何のために屋上でサツマイモを作りましたか。

6. 埼玉県庁では、来年は屋上で何を作るつもりですか。

◆ 読みましょう　日本から"春"が消える日？

言葉				
	ゴールデンウィーク	"Golden Week" (the period from April 29th till May 5th during which several national holidays take place)		
	感じる	to feel	実験	an experiment
	農学部	the Department of Agriculture	遮光ネット	a shading net
	芽	a bud	説	a theory; an opinion

日本の春といえば、桜。人々は桜の花が咲き始めると、春が来たことを感じます。その桜が、今、地球温暖化のため、年々早く咲くようになってきているのです。

桜で有名な青森県弘前公園では、毎年ゴールデンウィークが桜が最も美しい時期で、全国から200万人以上の観光客が訪れますが、ここでも同じように桜の咲く時期が早くなっているのです。このまま毎年早くなっていくと、観光客が減ってしまうという心配があります。そこで、弘前市では、この時にちょうど美しい桜が見られるように、花が咲くのを遅くできないかと弘前大学農学部に頼んでみました。それで、弘前大学では数年前から、雪で桜の木を冷やすとか、冷たい風で花の芽を冷やすといった、いろいろな実験を行っています。去年までの実験では半日ぐらい遅くすることができたそうです。そして今年は遮光ネットを使って、全体の温度を下げてみようとしています。

しかし、このような努力もむだになってしまうかもしれません。いつか桜が日本から消えてしまう可能性があるのです。このまま温暖化が進むと、日本の南の方からだんだん桜にとって暑すぎる気候になってしまうからです。例えば、東京で、もし気温が今より4度上がると、桜はもう咲かなくなるという説もあります。

日本の春といえば、桜。その桜が消え、いつか日本から“春”が消える日が来るのでしょうか。

質問

1. 弘前公園を訪れる観光客がゴールデンウィークに多いのはなぜですか。

2. 桜が咲く時期が早くなると、弘前公園を訪れる観光客の数はどうなるでしょうか。

3. 弘前大学農学部の実験は、何のために行われていますか。

4. 温暖化が進むと、日本の桜はどうなるでしょうか。

5. あなたの国（町）にも温暖化の影響を受けている動物や植物の例がありますか。

＊植物 = a plant

◆ 書きましょう　作文コンクール

『温暖化を防ぐための身近な努力・アイディア』作文コンクールに送る作文を書いてください。

1. まず、下の表にアイディアを書いてみましょう。

タイトル	
あなたは温暖化についてどんなことが心配ですか	
あなたは温暖化を防ぐためにどんなことを、いつからしていますか	
それは温暖化を防ぐために、どう役に立ちますか	
ほかに、どんなことができると思いますか	

2. 上の表に書いたことを使って、作文を書きましょう。（800字ぐらい）

◆ 楽しみましょう　日本と世界の地理（ちり）クイズ

＊地理（ちり） = geography

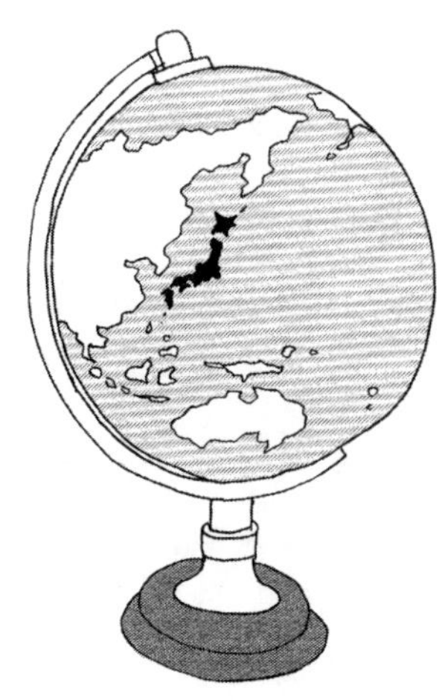

Q1.　日本の面積（めんせき）は世界で何番目でしょうか？　＊面積（めんせき） = size; area

① 60番目　② 80番目　③ 100番目

Q2.　日本の海岸線（かいがんせん）の長さは、世界で何番目でしょうか？　＊海岸線（かいがんせん） = a coastline

① 6番目　② 10番目　③ 16番目

Q3.　日本には、いくつ島があるでしょうか？

① 685　② 6,852　③ 68,526

Q4.　そのうち、人が住んでいる島はいくつでしょうか？

① 43　② 430　③ 4,300

Q5.　「日本は世界で一番～が短い国の一つです。」～は何でしょうか？

Q6.　面積の大きい国のランキングです。5番はどこでしょうか?

1 番 ロシア　2 番 カナダ　3 番 アメリカ合衆国（がっしゅうこく）　4 番 中国　5番 ???

Q7.　人口（じんこう）の多い国のランキングです。4番はどこでしょうか？

1 番 中国　2 番 インド　3 番 アメリカ合衆国　4 番 ???

＊人口（じんこう） = population

第3課 気候

Q8.　世界で最も人口の少ない国はどこでしょうか？

Q9.　では、その国の人口は何人でしょうか？
① 約80人　② 約800人　③ 約8,000人

Q10.　日本人がたくさん住んでいる国のランキングです。3番はどこでしょうか？
1番 アメリカ合衆国　2番 中国　3番 ???

Q11.　日本語を勉強している人が多い国のランキングです。3番はどこでしょうか？
1番 韓国(かんこく)　2番 中国　3番 ???

最後に…皆さんの知っている世界の地理や気候のトリビア (trivia) がありますか。あれば、クラスメートと話し合ってみましょう。

日本と世界の地理クイズ　答え

Q1.　① 60番目

Q2.　① 6番目

Q3.　② 6,852

Q4.　② 430

Q5.　国名(こくめい)（国の名前）："Japan" 5 letters in English (OFFICIAL name of the country in English) ほかには India, Spain など

Q6.　ブラジル

Q7.　インドネシア

Q8.　バチカン

Q9.　② 約800人

Q10.　ブラジル

Q11.　オーストラリア

データ出典元

＊面積の大きい国（出典：United Nations Statistics Division - Demographic Yearbook 2007）

＊人口の多い・少ない国（出典：United Nations Statistics Division - Population and Vital Statistics Report: Series A - latest available census (2007–2008)）

＊日本人の多い国（出典：外務省「海外在留邦人数調査統計（平成21年速報版、平成20年10月1日現在）」

＊日本語学習者の多い国（出典：国際交流基金「2006年海外日本語教育機関調査」）

第四課

昔話

- 初めに・・・話し合ってみましょう
- 読み物「竹取物語〜かぐや姫」

  【本文】

  【内容質問】

  【語彙リスト】

  【漢字リスト】

  【文法ノート】
- 聞きましょう　　笠地蔵（かさじぞう）
- 読みましょう　　新聞の投書欄（とうしょらん）「人魚姫（にんぎょひめ）、今と昔」
- 書きましょう　　物語
- 話しましょう　　紙芝居（かみしばい）の発表（はっぴょう）
- 楽しみましょう　　竹取物語・原文（げんぶん）

◆ 初めに・・・話し合ってみましょう

1. あなたが子供の時に読んだ昔話（むかしばなし）の中で、よく覚えているもの、好きだったものはどんな物語（ものがたり）ですか。

2. 昔話や童話（どうわ）の中で人気があるのは、どんな物語だと思いますか。それは どうしてだと思いますか。　＊童話（どうわ）= a fairy tale

3. 昔話や童話には、どんな動物がよく出てきますか。そして、その動物には何かイメージがありますか。

4. 「満月（まんげつ）」という言葉からどんなことを考えますか。　＊満月（まんげつ）= a full moon

◆ 読み物【本文】

竹取物語（かぐや姫）

昔々あるところに、おじいさんとおばあさんがいました。おじいさんは毎日山に行って竹を取って、それを売って暮らしていたので、竹取りの翁（おきな）と呼ばれていました。

ある日、おじいさんが山へ行くと、竹やぶの中に一本、ピカッと光る竹がありました。

「何じゃろう」

不思議に思ったおじいさんはその竹を切ってみました。すると、中に小さな小さな女の子がいたのです。

「これは、これは、なんとかわいい子じゃ」

おじいさんはその子を手のひらの上にそっとのせ、うちへ連れて帰りました。そして、おばあさんと二人で大切に大切に育てました。

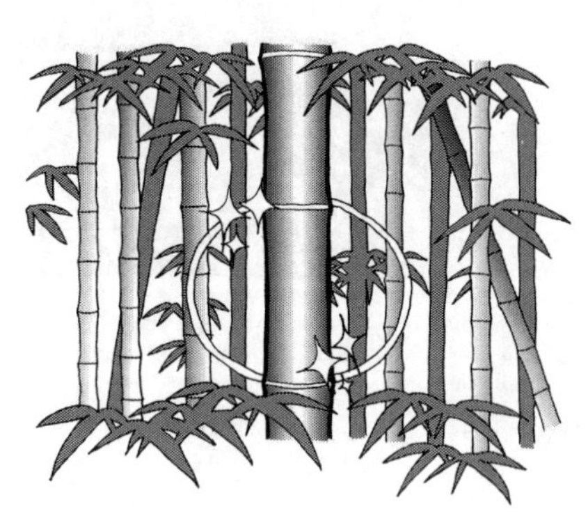

さて、この子がうちに来てからは、山に行くたびに金（きん）の入った竹を見つけるようになり、おじいさんとおばあさんはだんだん金持ちになりました。そして、この女の子はすくすくと育ち、日がたつにつれ輝（かがや）くように美しくなったので、「かぐや姫」と名づけられました。かぐや姫がいてくれるので、うちの中はいつも明るく、おじいさんとおばあさんはつらい時でもそれを忘れるぐらいでした。

◆読み物【本文】

竹取物語（かぐや姫）

昔々あるところに、おじいさんとおばあさんがいました。おじいさんは毎日山に行って竹を取って、それを売って暮らしていたので、竹取りの翁と呼ばれていました。

ある日、おじいさんが山へ行くと、竹やぶの中に一本、ピカッと光る竹がありました。

「何じゃろう」

不思議に思ったおじいさんはその竹を切ってみました。すると、中に小さな小さな女の子がいたのです。

「これは、これは、なんとかわいい子じゃ」

おじいさんはその子を手のひらの上にそっとのせ、うちへ連れて帰りました。そして、おばあさんと二人で大切に大切に育てました。

さて、この子がうちに来てからは、山に行くたびに金の入った竹を見つけるようになり、おじいさんとおばあさんはだんだん金持ちになりました。そして、この女の子はすくすくと育ち、日がたつにつれ輝くように美しくなったので、「かぐや姫」と名づけられました。かぐや姫がいてくれるので、うちの中はいつも明るく、おじいさんとおばあさんはつらい時でもそれを忘れるぐらいでした。

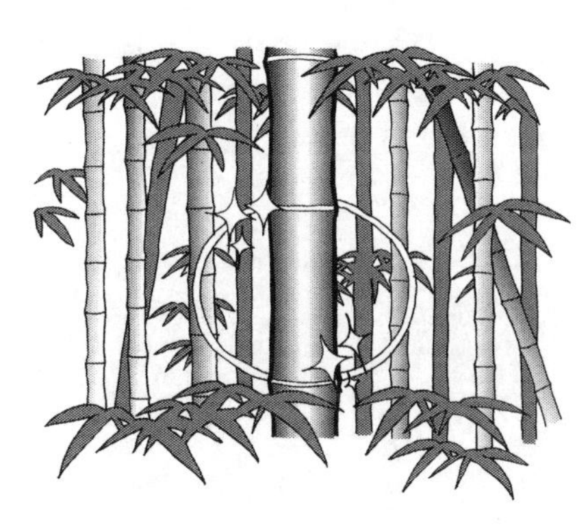

この美しいかぐや姫のうわさはすぐに国中に広がり、「一目(ひとめ)だけでも……」と、たくさんの男たちが昼も夜もかぐや姫を見にやって来ました。そして、かぐや姫を見た者は、身分の高い者も低い者も皆、なんとかして結婚したいと思いました。

「かぐや姫をわたしにください」

「いえ、わたしの妻に」

「いやいや、わたしのところへ」

男たちは次々とおじいさんに頼みました。困ったおじいさんがかぐや姫に聞いてみると、かぐや姫は言いました。

「どうして結婚など……」

結婚を申し込んでくる男たちの中に、特に熱心な五人の者がいました。あまり毎日、毎日やって来るので、断るわけにはいかなくなりました。そこで、かぐや姫はおじいさんにこう言いました。

「わたくしには、あの方たちのお気持ちをくらべることなどできません。わたくしの一番見たいものを見せてくださったお方のところへ参(まい)りましょう。どうか、そう伝えてください」

そして、かぐや姫は光る実(み)のなる金の枝(えだ)、金色のねずみの毛皮(けがわ)、竜(りゅう)の首かざり、仏(ほとけ)さまの鉢(はち)、つばめの小安貝(こやすがい)という不思議な物ばかり見たいと言ったのです。しばらくして五人が持って来た物は、どれもにせ物でした。

やがて秋が近づき、かぐや姫は月を見上げては、悲しそうに何か考えるようになりました。時には、月を見てしくしく泣いていることもありました。おじいさんとおばあさんは、心配してたずねました。

「姫や、どうしてそんなに悲しそうなのじゃ」

「何か心配なことでもあるのかい」

この美しいかぐや姫のうわさはすぐに国中に広がり、「一目だけでも……」と、たくさんの男たちが昼も夜もかぐや姫を見にやって来ました。そして、かぐや姫を見た者は、身分の高い者も低い者も皆、なんとかして結婚したいと思いました。

「かぐや姫をわたしにください」

「いえ、わたしの妻に」

「いやいや、わたしのところへ」

男たちは次々とおじいさんに頼みました。困ったおじいさんがかぐや姫に聞いてみると、かぐや姫は言いました。

「どうして結婚など……」

結婚を申し込んでくる男たちの中に、特に熱心な五人の者がいました。あまり毎日、毎日やって来るので、断るわけにはいかなくなりました。そこで、かぐや姫はおじいさんにこう言いました。

「わたくしには、あの方たちのお気持ちをくらべることなどできません。わたくしの一番見たいものを見せてくださったお方のところへ参りましょう。どうか、そう伝えてください」

そして、かぐや姫は光る実のなる金の枝、金色のねずみの毛皮、竜の首かざり、仏さまの鉢、つばめの小安貝という不思議な物ばかり見たいと言ったのです。しばらくして五人が持って来た物は、どれもにせ物でした。

やがて秋が近づき、かぐや姫は月を見上げては、悲しそうに何か考えるようになりました。時には、月を見てしくしく泣いていることもありました。おじいさんとおばあさんは、心配してたずねました。

「姫や、どうしてそんなに悲しそうなのじゃ」

「何か心配なことでもあるのかい」

かぐや姫は、泣きながら答えました。

「はい、実は……。わたくしは、月の世界の者なのです。十五夜(じゅうごや)には、月から迎えの者が参ります。その時、わたくしは月へ帰らなくてはならないのです。いつまでもおじいさんとおばあさんと一緒(いっしょ)にいたいのですが、それは許されないのです」

と、泣きくずれるのでした。それを聞いて、びっくりしたおじいさんは大声(おおごえ)をあげて泣き出してしまいました。

姫と別れたくないおじいさんとおばあさんは、都(みやこ)の侍たちに姫を守ってくれるように頼みました。それから三人は毎日泣いて過ごしていましたが、とうとう十五夜の日がやってきました。おじいさんのうちは、手に手に弓矢(ゆみや)を持った侍たちに、ぐるりと囲まれました。やがて満月(まんげつ)が高く昇ると、空から見たこともないような美しい着物を着た天女(てんにょ)たちがしずしずと下りて来ました。侍たちは姫を守ろうとしましたが、体中の力が急になくなり、何もできずに見ているだけでした。

おじいさんとおばあさんはその様子を見て、ただ泣いているばかりでした。かぐや姫は二人に近づいてこう言いました。

「わたくしも行きたくないのです。どうか泣かないで、わたくしを見送ってください。おじいさん、おばあさん、長い間わたくしを大事に育ててくださって、本当にありがとうございました。このご恩(おん)は決して忘れません。どうか、いつまでもお元気で」

そう言い残すと、かぐや姫は月へ帰って行きました。

かぐや姫は、泣きながら答えました。

「はい、実は……。わたくしは、月の世界の者なのです。十五夜には、月から迎えの者が参ります。その時、わたくしは月へ帰らなくてはならないのです。いつまでもおじいさんとおばあさんと一緒にいたいのですが、それは許されないのです」

と、泣きくずれるのでした。それを聞いて、びっくりしたおじいさんは大声をあげて泣き出してしまいました。

姫と別れたくないおじいさんとおばあさんは、都の侍たちに姫を守ってくれるように頼みました。それから三人は毎日泣いて過ごしていましたが、とうとう十五夜の日がやってきました。おじいさんのうちは、手に手に弓矢を持った侍たちに、ぐるりと囲まれました。やがて満月が高く昇ると、空から見たこともないような美しい着物を着た天女たちがしずしずと下りて来ました。侍たちは姫を守ろうとしましたが、体中の力が急になくなり、何もできずに見ているだけでした。

おじいさんとおばあさんはその様子を見て、ただ泣いているばかりでした。かぐや姫は二人に近づいてこう言いました。

「わたくしも行きたくないのです。どうか泣かないで、わたくしを見送ってください。おじいさん、おばあさん、長い間わたくしを大事に育ててくださって、本当にありがとうございました。このご恩は決して忘れません。どうか、いつまでもお元気で」

そう言い残すと、かぐや姫は月へ帰って行きました。

【内容質問】

A.

1. おじいさんはどうして竹取りの翁（おきな）と呼ばれていましたか。

2. ある日、山の中でどんな不思議なことがありましたか。

3. おじいさんとおばあさんが金持ちになったのはどうしてですか。

4. どうしてかぐや姫は不思議な物ばかり見たいと言ったのでしょうか。

5. 五人の男たちがかぐや姫と結婚できなかったのはどうしてですか。

6. かぐや姫が、月を見上げて悲しそうに何か考えるようになったのはどうしてですか。

7. 侍たちはどうしてかぐや姫を守ることができませんでしたか。

8. どうしてかぐや姫は人間（にんげん）の世界でしばらく暮らすことになったと思いますか。

   ＊人間（にんげん）の世界 = the mortal world

B.

1. 15行目の「それを忘れるぐらいでした」の「それ」は何を指（さ）しますか。

2. 28行目の「そう伝えてください」の「そう」はどの部分（ぶぶん）を指しますか。

   ＊部分（ぶぶん） = a part

3. 40行目の「それは許されないのです」の「それ」は何を指しますか。

4. 46行目の「天女（てんにょ）たちがしずしずと……」の「天女たち」の修飾（しゅうしょく）部分はどこから始まりますか。最初の一語を書きなさい。

【語彙リスト】

▲ 意味がわかればいい言葉

行		語彙	読み	意味
		昔話	むかしばなし	an old tale
		竹	たけ	bamboo
		物語	ものがたり	a story
		姫	ひめ	a princess
1		昔々	むかしむかし	once upon a time; a long time ago
2		暮らす	くらす	to live; to get along; to spend (*one's* time) (Vi/-u) 例：仲よく暮らす
3	▲	翁	おきな	an old man (from classical Japanese)
4		ある日	あるひ	one day
	▲	竹やぶ	たけやぶ	a bamboo grove
		ピカッ	ピカッ	a mimetic expression describing *something* that emits a flash of light
5		光る	ひかる	to shine; to glow (Vi/-u) 例：金のネックレスが光っている
7		不思議（な）	ふしぎ（な）	mysterious; strange
		すると	すると	and (just then)
9	▲	なんと	なんと	how?!; what?! (expressing feelings such as astonishment, surprise, admiration, and marvel)
10	▲	手のひら	てのひら	the flat of *one's* hand; a palm
		そっと	そっと	gently; softly
		のせる	のせる	to put; to place (Vt/-ru) 例：車に荷物をのせる
11		育てる	そだてる	to bring up; to foster (Vt/-ru) 例：子どもを育てる
12		金	きん	gold
13		金持ち	かねもち	a rich person
		すくすく（と）	すくすく（と）	(growing up) rapidly
		育つ	そだつ	to grow (up); to be brought up (Vi/-u) 例：日本で育った

14		（時間が）たつ	（じかんが）たつ	(days, years, etc.) to pass; to elapse (Vi/-u) 例：アメリカに来て、もう三年たった
	▲	輝く	かがやく	to shine; to glitter (Vi/-u) 例：星が輝いている
		名づける	なづける	to name (Vt/-ru) 例：子供を「太郎」と名づけた
15		つらい	つらい	hard; painful
16		うわさ	うわさ	a rumor
		広がる	ひろがる	to spread; to extend (Vi/-u) 例：学校中にうわさが広がった
	▲	一目	ひとめ	a look; a glance
17		やって来る	やってくる	to come (Vi/irr) 例：もうすぐ春がやって来る
		者	もの	a person
		身分	みぶん	*one's* social position; *one's* social status
18	▲	皆	みな	all; everyone; everything
		なんとかして	なんとかして	somehow
22		次々と	つぎつぎと	one after another; one by one; in succession
24	▲	など	など	= なんて (but more formal than なんて)
25		申し込む	もうしこむ	to propose (Vt/-u) 例：結婚を申し込む
		熱心（な）	ねっしん（な）	ardent; eager
		あまり	あまり	[あまり + affirmative] too ~ (having a negative implication)
26		断る	ことわる	to decline; to refuse (Vt/-u) 例：友達からの誘いを断った
27		わたくし	わたくし	I (formal variant of わたし)
		くらべる	くらべる	to compare (Vt/-ru) 例：日本語と英語をくらべる
28		どうか	どうか	Please do ~ (I beg you to ~)
29	▲	実	み	a fruit
	▲	（実が）なる	（みが）なる	to grow; to bear; to be in fruit (Vi/-u) 例：木に赤い実がなった
	▲	金の枝	きんのえだ	a golden branch
		金色の～	きんいろの～	golden
		ねずみ	ねずみ	a mouse

	▲	毛皮	けがわ	fur
	▲	竜	りゅう	a dragon
		首かざり	くびかざり	a necklace
	▲	仏さま	ほとけさま	Buddha
	▲	鉢	はち	a bowl
	▲	つばめ	つばめ	a swallow
30		小安貝	こやすがい	a cowry shell (It was believed that a woman with the shell would have an easy birth.)
		しばらくして	しばらくして	after a while
31		にせ物	にせもの	an imitation
32		やがて	やがて	soon; before long
		近づく	ちかづく	to approach (Vi/-u) 例：台風が近づく
		見上げる	みあげる	to look up (Vt/-ru) 例：空を見上げる
		時には	ときには	sometimes, occasionally
33		たずねる	たずねる	to ask (Vt/-ru) 例：名前をたずねる
38	▲	十五夜	じゅうごや	a night of the full moon
		迎えの者	むかえのもの	a person coming to pick up *someone*
40		許す	ゆるす	to permit; to allow (Vt/-u) 例：父は姉に結婚を許した
41	▲	泣きくずれる	なきくずれる	to break down crying; to burst into tears (Vi/-ru) 例：悲しい知らせを聞いて泣きくずれた
42	▲	(大声を) あげる	(おおごえを) あげる	to raise *one's* voice; to scream (Vt/-ru) 例：びっくりして、大声をあげた
		泣き出す	なきだす	= 泣き始める to begin to cry; to burst into tears (Vi/-u) 例：赤ちゃんが泣き出した
43	▲	都	みやこ	a capital; a city; a town
		侍	さむらい	a warrior; a *samurai*
		守る	まもる	to protect; to defend (Vt/-u) 例：子供を事故から守る
44		とうとう	とうとう	at last; finally
45	▲	弓矢	ゆみや	a bow and arrow(s)
	▲	ぐるりと	ぐるりと	(circling) around
		囲む	かこむ	to surround; to enclose; to circle (Vt/-u) 例：家が木に囲まれている

	▲	満月	まんげつ	a full moon
		昇る	のぼる	to rise (Vi/-u) 例：日が昇った
46	▲	天女	てんにょ	a celestial nymph; a heavenly maiden
	▲	しずしずと	しずしずと	quietly; gently; slowly
		下りる	おりる	to come down; to go down (Vi/-ru) 例：二階から下りて来た
48		様子	ようす	the state of affairs
		ただ	ただ	only; merely
50		見送る	みおくる	to see off (Vt/-u) 例：友達を駅まで見送った
51		大事に	だいじに	with care
	▲	［ご］恩	［ご］おん	(a) kindness; an obligation
52		決して〜ない	けっして〜ない	never; by no means
53		言い残す	いいのこす	to say *something* before leaving for good (Vi/-u) 例：「お元気で」と言い残して、出て行った

昔話でよく使われるおじいさん、おばあさんの話し言葉

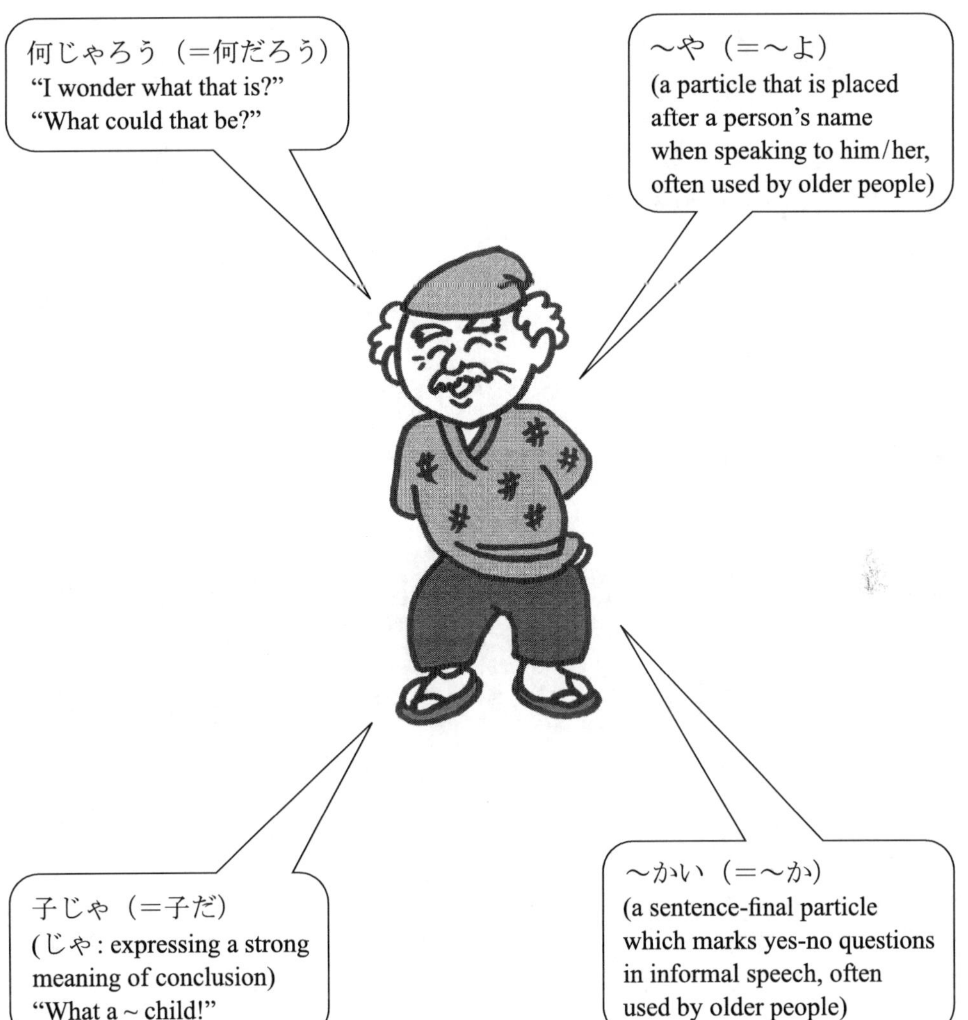

何じゃろう（＝何だろう）
"I wonder what that is?"
"What could that be?"
〜や（＝〜よ）
(a particle that is placed after a person's name when speaking to him/her, often used by older people)
子じゃ（＝子だ）
(じゃ : expressing a strong meaning of conclusion)
"What a ~ child!"
〜かい（＝〜か）
(a sentence-final particle which marks yes-no questions in informal speech, often used by older people)

【漢字リスト】

昔 竹 光 連 育 妻 頼 熱 断 伝
首 悲 泣 配 迎 許 守 囲 様 残

新しい漢字を使った言葉

昔話	むかしばなし
竹	たけ
光る	ひかる
連れて帰る	つれてかえる
育てる	そだてる
妻	つま
頼む	たのむ
熱心（な）	ねっしん（な）
断る	ことわる
伝える	つたえる
首かざり	くびかざり
悲しい	かなしい
泣く	なく
心**配**	しんぱい
迎えの者	むかえのもの
許す	ゆるす
守る	まもる
囲む	かこむ
様子	ようす
言い**残**す	いいのこす

【文法ノート】

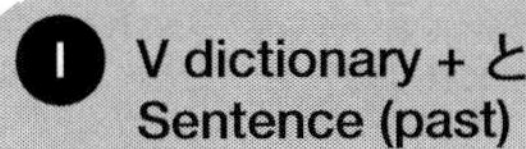

I V dictionary + と、 Sentence (past) “when one did ~, something unexpected happened” “when one did ~, he/she discovered that ~”

• おじいさんが山へ行くと、竹やぶの中に一本、ピカッと光る竹がありました。
(When the old man went to the mountain, there was one shining bamboo stalk in the bamboo grove.)

1. ドアを開けると、犬がすわっていました。
2. 時計を見ると、もう午前二時だった。
3. きのうの晩は大雨が降っていたのに、今朝起きるとすばらしい天気だった。
4. 『雪国(ゆきぐに)』という小説は「トンネルを抜(ぬ)ける (to go through) と雪国だった」という文で始まる。
5. きのううちへ帰ると、______________________________。
6. 母から荷物が届(とど)いた。________________________、中に食べ物と一緒(いっしょ)に家族の写真が入っていた。

II Noun の / V dictionary } + たびに “every time one does ~, . . .”

• 山に行くたびに金の入った竹を見つけるようになり、……
(Every time he went to the mountains, he found bamboo stalks that contained gold, and . . .)

1. 学生の頃、試験があるたびに、寝ないで勉強した。
2. 私の犬は外で音がするたびに、ドアのところに走って行きます。
3. 山下さんがニューヨークに来るたびに、一緒(いっしょ)に食事をします。
4. ルームメートはパーティーのたびに、新しいドレスを着て行きます。
5. 台風が来るたびに、______________________________。
6. __________________________たびに、子供の頃のことを思い出します。

III V dictionary + につれ "as some change occurs, (another change occurs)"

- 日がたつにつれ輝(かがや)くように美しくなったので、……
  (As the days passed, she became more and more beautiful, as if she were glowing, so . . .)

1. 子供は育つにつれ、あまり話してくれなくなりました。
2. 年を取るにつれ、趣味(しゅみ)が増(ふ)えて生活が楽しくなりました。
3. 日本語を勉強するにつれ、だんだんおもしろくなってきた。
4. 町の人口(じんこう)が増えるにつれ、いろいろな問題が起きる。
5. クリスマスが近づくにつれ、____________________________。
6. ____________________________、忙しくなると思う。

IV ～て、Plain style sentence + ぐらい／ほどだ "so ~ that ~"

- うちの中はいつも明るく、おじいさんとおばあさんはつらい時でもそれを忘れるぐらいでした。
  (It was so bright in the house that even when the old man and the old woman had hard times, it was easy for them to forget their difficulties.)

1. この部屋はとても静(しず)かで、時計の音も聞こえるぐらいだ。
2. 最近は忙しくて、寝る時間もないほどです。
3. 今日は宿題がたくさんあって、泣きたいぐらいだ。
4. 非常(ひじょう)に強い風が吹(ふ)き、歩けないぐらいだった。
5. 疲(つか)れていて、____________________________。
6. スミスさんは____________________、日本人と間違えられるぐらいだ。

V

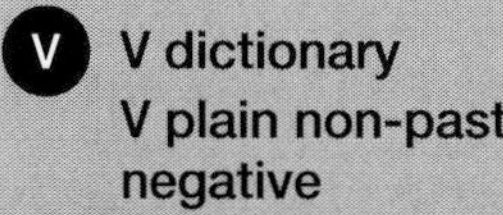

V dictionary / V plain non-past negative } + わけにはいかない "cannot ~ (because it's not appropriate to do so)" "have to ~ (because it would be inappropriate not to do so)"

- あまり毎日、毎日やって来るので、断るわけにはいかなくなりました。
  (Because they came every day, she could not very well refuse their proposals.)

1. お酒を飲んだから、今晩は車を運転するわけにはいきません。
2. 明日試験があるので、今日は勉強しないわけにはいきません。
3. 今日は寒いし、雨も降っているけれど、犬を散歩(さんぽ)に連れて行かないわけにはいきません。
4. これは友達から借りている物だから、貸すわけにはいかない。
5. これは秘密(ひみつ) (secret) なので、＿＿＿＿＿＿＿＿＿＿＿＿＿＿わけにはいかない。
6. お金がいるから、＿＿＿＿＿＿＿＿＿＿＿＿＿＿＿＿＿＿＿＿ないわけにはいかない。

VI Noun + ばかり "nothing but ~"
V dictionary + ばかりだ "all one does is ~; one does little else but ~"

- 不思議な物ばかり見たい……
  (She only wants to see mysterious and odd things . . .)

  ただ泣いているばかりでした。
  (She did nothing but cry.)

1. 甘(あま)い物ばかり食べていると、歯(は)が悪くなりますよ。
2. 何を聞いても、答えないで笑(わら)っているばかりだった。
3. きのうのクラスでは先生の講義(こうぎ) (lecture) を聞くばかりで、学生は何も話さなかった。
4. 母は、いつも私にばかりそうじをさせるんです。
5. 佐藤(さとう)さんは＿＿＿＿＿＿＿＿＿＿＿＿＿＿ばかりで、趣味(しゅみ)がないようです。
6. 山田さんはパーティーでだれとも話さないで、＿＿＿＿＿＿＿ばかりだった。

VII どれ / どの + Noun } + も + Affirmative "any ~; every ~"

- どれもにせ物でした。
  (Every one of them was fake.)

1. 母が作ってくれる料理は、どれもとてもおいしい。
2. どの学生も楽しそうに日本語を勉強しています。

3. 彼女の持っている服は、どれも高そうだ。

4. 今学期は、どのクラスも宿題が多くて大変だ。

5. 私の学校の先生は、＿＿＿＿＿＿＿＿みんな熱心で親切だ。

6. 夏休みに映画をたくさん見たが、＿＿＿＿＿＿＿＿＿＿＿＿＿＿。

VIII て＋行く／来る "go back, come back, etc."

て＋行く／来る describes a movement within a space. It keeps the meaning of the movement of 行く／来る by attaching the meaning of moving farther or coming closer to the preceding verb.

- 天女(てんにょ)たちがしずしずと下りて来ました。
  (Heavenly maidens quietly came down.)

  かぐや姫は月へ帰って行きました。
  (*Kaguyahime* went back to the moon.)

1. 彼は何も言わずに、部屋を出て行った。
2. 大きくてこわそうな犬が近づいて来たから、急いで逃(に)げた (to run away)。
3. 勉強していたら、頭の上に本が落ちて来てびっくりした。
4. 日本から帰って来た友達がおみやげをくれた。
5. バスからたくさんのお客さんが＿＿＿＿＿＿＿＿＿＿。
6. 先生が＿＿＿＿＿＿＿＿＿と、学生は静(しず)かになりました。

IX 擬音語(ぎおんご) (onomatopoeia)／擬態語(ぎたいご) (mimetic expressions)

Japanese has two categories of words that are used to describe sounds or actions. The first category of words imitate sounds. Such words are called 擬音語(ぎおんご). An example of 擬音語 is ザーザー, an adverb that illustrates the sound of rain that is falling heavily and steadily. The second category of words imitate actions. These words are called 擬態語(ぎたいご). An example of 擬態語 is くるくる, an adverb that illustrates the action of something spinning. Both 擬音語 and 擬態語 can be easily recognized as they are often formed by two pairs of two moras. Some examples are as follows:

例：

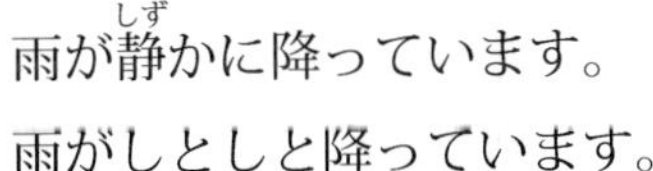

雨が静（しず）かに降っています。
雨がしとしと降っています。

本を上手に間違えないで読んでいます。
本をすらすら読んでいます。

よく使われる擬音語（ぎおんご）・擬態語（ぎおんご）

気持ち	わくわく（する）	to feel excited
	はらはら（する）	to feel fearful and suspenseful
	いらいら（する）	to feel irritated
	どきどき（する）	to feel nervous or excited with a fast heartbeat
動作（どうさ） (act, manner)	ぺらぺら（話す）	to speak fluently
	ぶつぶつ（言う）	to murmur; to mumble
	すやすや（寝る）	to sleep calmly and peacefully
	くすくす（笑（わら）う）	to giggle
	げらげら（笑う）	to laugh loudly; to have a horselaugh
	にこにこ（する）	to smile
	うとうと（する）	to doze
音	ガタガタ（鳴（な）る）	to rattle; to clatter
	トントン（たたく）	to knock (on the door)
様子 (appearance)	きらきら（する）	to shine sparklingly
	ぴかぴか（光る）	to glitter; to twinkle

1. 田中さんはやさしくて、いつもにこにこしていた。
2. バスがなかなか来なくて、いらいらした。

3. わくわくしながらプレゼントを開けた。
4. きのうあまり寝なかったので、クラスでうとうとした。
5. 今から仕事の面接があるから、＿＿＿＿＿＿＿＿＿＿していている。
6. スミスさんは日本語が上手で＿＿＿＿＿＿＿＿＿＿話す。

気持ち

わくわく（する）

はらはら（する）

いらいら（する）

どきどき（する）

動作（どうさ）

私、先週日本に参りました
ブラウンと申します。私、実は
大学では日本文学を専攻しまして、
現在は大学院で・・・

ぺらぺら（話す）

ぶつぶつ（言う）

すやすや（寝る）

うとうと（する）

げらげら（笑（わら）う）

にこにこ（する）

くすくす（笑う）

第4課 昔話

◆ 聞きましょう　笠地蔵（かさじぞう）

言葉		
	笠（かさ）	a woven bamboo hat
	地蔵（じぞう）・お地蔵さま	a stone image of *jizo* (guardian deity of children)
	貧乏（びんぼう）	poor

質問

1. おじいさんは、何をしに町に行きましたか。

2. おじいさんは、家に帰る途中（とちゅう）で何を見ましたか。そして、どうしましたか。

3. 家に帰ったおじいさんの話を聞いて、おばあさんは何と言いましたか。

4. その夜、どんなことがありましたか。

5. この物語には、どんな教訓（きょうくん）があると思いますか。　　＊教訓（きょうくん）＝a lesson

◆ 読みましょう　新聞の投書欄「人魚姫、今と昔」

＊投書欄 = a readers' column

言葉			
王子様	a prince	出来事	a happening; an occurrence
泡	foam	核家族	a nuclear family
登場人物	a character	接する	to touch; to come in contact
かわいそう（な）	poor; sad; pitiful	理解する	to understand
避ける	to avoid		

人魚姫、今と昔

会社員　山口　登
北海道札幌市

この前、子供と一緒に家でアニメを見ていた時のことです。タイトルは『人魚姫』……物語の最後が私の知っている終わり方と違っていて、びっくりしました。人魚姫が王子様と結婚して終わるというハッピーエンドになっていたんです。私が子供の頃に読んだのは、最後に人魚姫が海の泡になって死んでしまうという悲しい終わり方だったんですが……。子供は楽しそうに見ていましたが、本当にこれでいいのかなと思ってしまいました。それで、妻と話してみましたが、最近の子供のための絵本やアニメなどでは、こんな風に、登場人物が死んでしまう場面がなくなっていたり、悲しい、かわいそうな場面が変えられたりするのはよくあることだそうです。

子供に死について教えるのは簡単なことではありませんが、最近はそういう機会を避けようとしているのではないかと思います。人が死んでしまうような悲しい出来事は、私達が生きている間にいつか必ず経験することです。この頃は核家族が増えて、子供たちが身近な人の死に接する機会は昔よりもずっと少なくなったと言われています。今の子供にとって、悲しい物語から死の意味を知ることは悪いことではないでしょう。いつまでもまだ早すぎると言って、そんな場面を避けるのはいいことではないんじゃないでしょうか。私は、子供にもその物語の本当のメッセージを理解する力があると思うのです。

今度、私が読んだ『人魚姫』を子供に読んで聞かせてみようかなと思っています。

質問

1. この人が子供とアニメを見ていた時、びっくりしたのはなぜですか。

2. この人の妻は、最近の絵本やアニメはどのように変えられていることが多いと言いましたか。

3. あなたが知っている物語で、内容(ないよう)が変えられているものには、どんなものがありますか。どのように変えられているか、簡単に説明しなさい。

＊内容(ないよう) = contents

4. この人は、子供に死について教えることについて、どんな意見(いけん)を持っていますか。

5. あなたは、その意見についてどう思いますか。

◆ 書きましょう　物語

皆さんも物語を書いてみましょう。

1. 「起承転結（きしょうてんけつ）」をよく考えて、物語のアウトラインを書いてみましょう。

起（き）	
承（しょう）	
転（てん）	
結（けつ）	

Note: 起承転結 is the term often used to describe the structure of story writing in Japanese (it originally came from Chinese poetry). Each of the four parts is described as follows:

起: Introduction, introducing characters and their relationships, the setting of the story, etc.

承: Development, leading up to the main event of the story (usually serves as a transition to the main event)

転: Turn, the major part of the story, including the main events and the climax of the story

結: Conclusion of the story

2. 昔話でよく使われる表現（例：昔々、あるところに……）や、新しい文法（ぶんぽう）や接続詞（せつぞくし）（～と、……）などを使って、書きましょう。　＊接続詞（せつぞくし）= a conjunction

物語でよく使われる接続詞の例

順接（じゅんせつ） (conjunctives)	そして　それで　すると　それから
逆接（ぎゃくせつ） (disjunctives)	けれども　しかし
転換（てんかん） (switching topics)	さて

◆ 話しましょう　紙芝居の発表

「書きましょう」で書いた物語を紙芝居にして、発表してみましょう。

＊発表する = to present

1. 物語の場面に合う絵を四枚から五枚ぐらいかきましょう。

（例）

（クラスで発表する時に、みんなに見えるように、大きな紙にかきましょう）

2. クラスで発表してみましょう。

3. あとで、どの作品がよかったか、そしてどんなところが面白かったかなど話し合ってみましょう。

＜発表・話し方のポイント＞

- みんなによく分かるように、大きな声ではっきり読みましょう。
- それぞれの登場人物によって話し方を変えて、楽しく読んでみましょう。

◆ 楽しみましょう　竹取物語・原文（げんぶん）

1. 竹取物語の原文（げんぶん）を見ながら、オーディオ・ファイルを聞いてみましょう。

＊原文（げんぶん）= the original text

いまは昔、竹取の翁（おきな）といふもの有（あ）りけり。
野山（のやま）にまじりて竹を取りつつ、
よろづの事に使ひけり。
名をば、さかきの造（みやつこ）となむいひける。
その竹の中に、もと光る竹なむ一筋（ひとすじ）ありける。
あやしがりて寄（よ）りて見るに、筒（つつ）の中光りたり。
それを見れば、三寸（さんずん）ばかりなる人、
いとうつくしうていたり。

表記（ひょうき）と音にどんな違いがありますか。

＊表記（ひょうき）= a phonetic notation

2. 読んでみましょう。

第五課

言葉と文化

- ◆ 初めに ･･･ 話し合ってみましょう
- ◆ 読み物「日本語の "I" と "You" について　ダニエル･ジョンソン」
  - 【本文】
  - 【内容質問】
  - 【語彙リスト】
  - 【漢字リスト】
  - 【文法ノート】
- ◆ 話しましょう　言葉の使い方
- ◆ 聞きましょう　友達との会話･家族の会話
- ◆ 読みましょう　贈(おく)り物(もの)をする時の言葉
- ◆ 書きましょう　小論文(しょうろんぶん)
- ◆ 楽しみましょう　ドラマを演(えん)じる

◆ 初めに・・・話し合ってみましょう

1. 日本語で、男性がよく使う言葉と女性がよく使う言葉には、どんなものがありますか。

2. 英語（あなたの国の言葉）にも、男性がよく使う言葉と女性がよく使う言葉がありますか。

3. 次の会話の話し手は男性だと思いますか、女性だと思いますか。

①

A：　週末（しゅうまつ）、どうだった？

B：　楽しかったよ。友達とカラオケに行ったの。山田君（くん）は？

A：　僕（ぼく）はずっとうちにいたんだよ。宿題がたくさんあったから。

A：	男性・女性・どちらでもいい
B：	男性・女性・どちらでもいい

②

A：　ねえ、あの人、知ってる？

B：　うん、木村さんでしょう。政治（せいじ）を勉強してる大学院生なんだって。

A：　ふうん、そうなんだ。かっこいい人だね。

B：　えっ、そうかしら。うちのクラスの林（はやし）君の方がずっとステキ！

A：　そうかなあ。

A：	男性・女性・どちらでもいい
B：	男性・女性・どちらでもいい

③

A：　ちょっと宿題で分からないところがあるんだよ。見てもらえない？

B：　いいよ、どれ？

A：　これ、これ。

B：　う〜ん、これはむずかしいわ。ちょっと時間くれない？

A：	男性・女性・どちらでもいい
B：	男性・女性・どちらでもいい

◆ 読み物 【本文】

＊ジョンソンさんは日本の大学で勉強している留学生です。日本語の授業で「日本語と文化」というテーマで発表することになりました。

日本語の "I" と "You" について
ダニエル・ジョンソン

私は大学に入ってから日本語を勉強していますが、これまでいろいろな失敗をしました。その一つは、去年の夏、日本語のサマープログラムに参加して、初めてホームステイをした時のことです。ある日デパートでおいしそうなお菓子を見つけたので、ホストファミリーに買って帰りました。夕食の後、家族のみんなと一緒にテレビを見ながらお菓子を食べているところに、お父さんが会社の同僚を連れて帰ってきました。私はその人にもお菓子を食べてもらいたかったので、「これ、うまいですよ。あなたも食べたいですか」と聞きました。その人はちょっとびっくりした顔をしましたが、「じゃあ、いただこうかな」と言っておいしそうに食べました。でも、お父さんは困った顔をしていました。後で、お父さんが「『あなた』という言葉はあまり使わない方がいいよ。特に年上の人を『あなた』と呼ぶのは、失礼になるんだよ」と説明してくれました。それから、「うまい」もていねいな言葉ではないし、「食べたいですか」ではなくて「召し上がりませんか」と言った方がいいと教えてくれました。それを聞いて、とてもはずかしくなりました。

また、クラスではこんなこともありました。日本語の先生と話している時、「おれ、質問があるんですけど、後で先生のオフィスに行ってもいいですか」と言ったら、「ダニーさん、『おれ』じゃありません。『わたし』ですよ」と注意されたのです。

その後、アメリカの大学の日本語のクラスで、日本語には英語の "I" と "you"

◆ 読み物 【本文】

＊ジョンソンさんは日本の大学で勉強している留学生です。日本語の授業で「日本語と文化」というテーマで発表することになりました。

日本語の "I" と "You" について
ダニエル・ジョンソン

私は大学に入ってから日本語を勉強していますが、これまでいろいろな失敗をしました。その一つは、去年の夏、日本語のサマープログラムに参加して、初めてホームステイをした時のことです。ある日デパートでおいしそうなお菓子を見つけたので、ホストファミリーに買って帰りました。夕食の後、家族のみんなと一緒にテレビを見ながらお菓子を食べているところに、お父さんが会社の同僚を連れて帰ってきました。私はその人にもお菓子を食べてもらいたかったので、「これ、うまいですよ。あなたも食べたいですか」と聞きました。その人はちょっとびっくりした顔をしましたが、「じゃあ、いただこうかな」と言っておいしそうに食べました。でも、お父さんは困った顔をしていました。後で、お父さんが「『あなた』という言葉はあまり使わない方がいいよ。特に年上の人を『あなた』と呼ぶのは、失礼になるんだよ」と説明してくれました。それから、「うまい」もていねいな言葉ではないし、「食べたいですか」ではなくて「召し上がりませんか」と言った方がいいと教えてくれました。それを聞いて、とてもはずかしくなりました。

また、クラスではこんなこともありました。日本語の先生と話している時、「おれ、質問があるんですけど、後で先生のオフィスに行ってもいいですか」と言ったら、「ダニーさん、『おれ』じゃありません。『わたし』ですよ」と注意されたのです。

その後、アメリカの大学の日本語のクラスで、日本語には英語の "I" と "you"

に当たる言葉がいろいろあるということを学びました。例えば、"I" に当たる言葉には「あたし」「わたくし」「僕」「おれ」などがあって、"you" に当たる言葉には「あなた」「あんた」「おまえ」などがあります。そのうち「あたし」は女性が、「僕」「おれ」「おまえ」は男性が使う言葉だと言われています。また非常にあらたまった場面では、男性も女性も「わたくし」を使うようです。英語と違って日本語は "I" と "you" を表す言葉がいくつもあって、とても興味深い言語だと思います。

今年また日本に来てからは、もうはずかしい経験はあまりしなくなりましたが、最近ちょっと気がついたことがあります。それは、女の子がまるで男のような話し方をすることです。例えば、この間、女の子が「おれ」とか「僕」を使っているのを聞きましたが、それには驚いてしまいました。

女の子はていねいな言葉を使うと思っていたので、友達に聞いてみると、自分は使わないけれど、別にかまわないのではないかと答えました。面白いことに、友達のおじいさんは「最近の女の子は言葉が乱暴で困ったもんだ。わしにはまったく理解できん」と言いましたが、妹さんは「女の子が『おれ』とか『僕』を使っても、別にいいじゃん」と言いました。ご両親は友達同士だけで使うのなら、いいのではないかと答えました。

言葉は時代とともに変わると言われますが、これはその一つの例ではないでしょうか。世代によって言葉の使い方は違うようです。今後もっといろいろな例を集めて、それについてさらに調べてみたいと思います。

＊ジョンソンさんは、さらに、話した内容をレポートにまとめるように先生に言われました。

に当たる言葉がいろいろあるということを学びました。例えば、“I” に当たる言葉には「あたし」「わたくし」「僕」「おれ」などがあって、“you” に当たる言葉には「あなた」「あんた」「おまえ」などがあります。そのうち「あたし」は女性が、「僕」「おれ」「おまえ」は男性が使う言葉だと言われています。また非常にあらたまった場面では、男性も女性も「わたくし」を使うようです。英語と違って日本語は “I” と “you” を表す言葉がいくつもあって、とても興味深い言語だと思います。

今年また日本に来てからは、もうはずかしい経験はあまりしなくなりましたが、最近ちょっと気がついたことがあります。それは、女の子がまるで男のような話し方をすることです。例えば、この間、女の子が「おれ」とか「僕」を使っているのを聞きましたが、それには驚いてしまいました。

女の子はていねいな言葉を使うと思っていたので、友達に聞いてみると、自分は使わないけれど、別にかまわないのではないかと答えました。面白いことに、友達のおじいさんは「最近の女の子は言葉が乱暴で困ったもんだ。わしにはまったく理解できん」と言いましたが、妹さんは「女の子が『おれ』とか『僕』を使っても、別にいいじゃん」と言いました。ご両親は友達同士だけで使うのなら、いいのではないかと答えました。

言葉は時代とともに変わると言われますが、これはその一つの例ではないでしょうか。世代によって言葉の使い方は違うようです。今後もっといろいろな例を集めて、それについてさらに調べてみたいと思います。

＊ジョンソンさんは、さらに、話した内容をレポートにまとめるように先生に言われました。

【内容質問】

A.

1. ジョンソンさんが、ホストファミリーのお父さんの同僚に食べてもらいたかったものは何ですか。

2. ホストファミリーのお父さんが困った顔をしたのはなぜですか。

3. ジョンソンさんはお父さんの同僚にどう言えばよかったのですか。

4. ジョンソンさんは日本語の先生にどうして注意されましたか。

5. 英語の "I" に当たる日本語にはどのようなものがありますか。また、"you" に当たる日本語にはどのようなものがありますか。

6. 日本語に "I" と "you" に当たる言葉がいろいろあるのはなぜだと思いますか。

7. 日本人はどんな時に「わたくし」という言葉を使うと思いますか。

8. ジョンソンさんが最近気がついたのはどのようなことですか。

9. 友達のおじいさん、妹さん、ご両親の意見(いけん)の中で、あなたはどれに賛成(さんせい)ですか。それはどうしてですか。

＊賛成(さんせい) = to agree

B.

1. 2行目の「その一つ」の「その」は何を指(さ)しますか。

2. 23行目の「言葉がいろいろあるということを……」の「こと」の修飾部分(しゅうしょくぶぶん)はどこから始まりますか。最初の一語を書きなさい。

3. 39行目の「これはその一つの例ではないでしょうか」の「これ」は何を指しますか。

【語彙リスト】

▲ 意味がわかればいい言葉

行		語彙	読み	意味
		文化	ぶんか	a culture
		テーマ	テーマ	a theme
		発表する	はっぴょうする	to present (Vt/irr) 例：研究を発表する
1		失敗	しっぱい	a failure
4		夕食	ゆうしょく	supper; dinner
7		うまい	うまい	delicious; tasty (mainly used by men)
10		年上の人	としうえのひと	*one's* senior
11		失礼（な）	しつれい（な）	rude; impolite
13		はずかしい	はずかしい	embarrassed; shameful
16	▲	おれ	おれ	I (brash and boastful, used by men)
19		注意する	ちゅういする	to point out; to advise (Vt/irr) 例：言葉の使い方を注意する
23		学ぶ	まなぶ	to learn (Vt/-u) 例：敬語の使い方を学ぶ
24	▲	あたし	あたし	I (female informal variant of *watashi*)
25	▲	あんた	あんた	you (informal, usually used by women)
	▲	おまえ	おまえ	you (very informal, out of lack of respect or out of familiarity, mostly used by men)
		女性	じょせい	a woman; a lady
26		男性	だんせい	a man; a gentleman
		非常に	ひじょうに	very; greatly
		あらたまった	あらたまった	formal
28		表す	あらわす	to express (Vt/-u) 例：自分の気持ちを表す
		興味深い	きょうみぶかい	very interesting
		言語	げんご	a language
29		経験	けいけん	an experience
30		気がつく	きがつく	to notice; to realize (Vi/-u) 例：自分の間違いに気がつく
		まるで	まるで	just like; as if

32	驚く	おどろく	to be surprised; to be astonished (Vi/-u) 例：人が多いのに驚いた
33	ていねい（な）	ていねい（な）	polite; courteous
34	別に～ない	べつに～ない	not particularly
	かまわない	かまわない	It does not matter either way.
	面白いことに	おもしろいことに	interestingly
35	乱暴（な）	らんぼう（な）	violent; rude
	▲ 困ったもんだ	こまったもんだ	＝困ったものだ I am really annoyed.
	わし	わし	I (old fashioned, used by some senior men or dialect)
36	まったく～ない	まったく～ない	not at all
	理解する	りかいする	to understand (Vt/irr) 例：日本の文化を理解する
	▲ ～できん	～できん	=～できない
37	▲ ～じゃん	～じゃん	=～じゃない "~, isn't it?" (casual speech style)
	～同士	～どうし	among; between
39	時代	じだい	a period; an era
	例	れい	an example
40	世代	せだい	a generation
	今後	こんご	from now on; in the future
	内容	ないよう	contents
	まとめる	まとめる	to put into the shape of; to summarize (Vt/-ru) 例：考えをまとめる

第5課 言葉と文化

【漢字リスト】

留　授　失　敗　初　緒　顔　礼　質　当　性
非　興　経　驚　乱　暴　解　両　士　調　容

新しい漢字を使った言葉

留学	りゅうがく	**非**常に	ひじょうに
授業	じゅぎょう	**興**味	きょうみ
失敗	しっぱい	**経**験	けいけん
初めて	はじめて	**驚**く	おどろく
一**緒**	いっしょ	**乱暴**（な）	らんぼう（な）
顔	かお	理**解**	りかい
失**礼**（な）	しつれい（な）	**両**親	りょうしん
質問	しつもん	同**士**	どうし
当たる	あたる	**調**べる	しらべる
女**性**	じょせい	内**容**	ないよう

【文法ノート】

I V plain non-past + ことになる
"it will be decided that ~; it will be arranged that ~; it will turn out that ~"

- 日本語の授業で「日本語と文化」というテーマで発表することになりました。
  (It was decided that we would give presentations on the theme of "Japanese language and culture" during our Japanese classes.)

1. 今年の夏、京都に留学することになりました。
2. あのう、実は、来年結婚することになったんです。
3. 今、ちゃんと勉強しておかないと、将来(しょうらい)、困ることになりますよ。
4. 今日は午後三時に、山本先生に会うことになっている。
5. ________________、ピクニックは来週することになった。
6. 乗るはずだった飛行機(ひこうき)のエンジンの故障(こしょう)で、________________。

II XがV₁ているところに、Yが {V₂てくる / くる} "just as X is doing ~, Y does ~"

- お菓子を食べているところに、お父さんが会社の同僚を連れて帰ってきました。
  (While we were eating sweets, father came home with his colleague.)

1. きのうの晩、おふろに入っているところに、母から電話がかかってきました。
2. 遅くなっても子供が帰らなくて心配しているところに、やっと帰ってきた。
3. 友達と電話で話しているところに、課長(かちょう)が入ってきて、困ってしまった。
4. 寝ているところに、上から本が落(お)ちてきた。
5. ________________、両親が帰ってきてしまった。
6. ________________、友達が来たので、あまり勉強ができなかった。

III い Adj. ~~い~~そうな
な Adj. ~~な~~そうな
V stemそうな
V た
Adj. negative → な~~い~~さそうな

} + 顔をする “to look ~; to appear ~”

This expression is used to describe facial expressions.

- その人はちょっとびっくりした顔をしましたが、……
(He looked a little surprised, but . . .)

1. そんなに悲しそうな顔をしないでください。
2. 子供たちが入学試験を受けている間、母親(ははおや)たちは外で心配そうな顔をして待っていました。
3. けいこさんは泣きそうな顔をしていますね。どうしたんでしょうか。
4. 今週は中間(ちゅうかん)試験があるから、学生はみんな疲(つか)れた顔をしている。
5. スミスさんは先生にほめられて、____________________________顔をした。
6. 山田さんは両親が卒業式に来られないと知って、________________________。

IV Noun$_1$
Plain style sentence$_1$ の
(だ is replaced by な.)

} + ではなく(て)

Noun$_2$	“(it is) not Noun$_1$, but Noun$_2$”
Sentence$_2$	“(it is) not Sentence$_1$, but Sentence$_2$”

- 「食べたいですか」ではなくて「召(め)し上(あ)がりませんか」と言った方がいい……
(You’d better not say “Do you want to eat?” but rather “Won’t you eat?”…)

1. 酒は麦(むぎ) (barley) ではなくて、米(こめ) (rice) から作られます。
2. 日本では車は道の右ではなく、左を走らなくてはいけない。
3. スミスさんがきのう仕事を休んだのは、病気だったからではなく、友達の結婚式に行ったからだ。
4. バーバラさんは若く見えるんじゃなくて、本当に若いんです。
5. この質問は________________________________、英語で答えてください。
6. この本は買ったんじゃなくて、____________________________________。

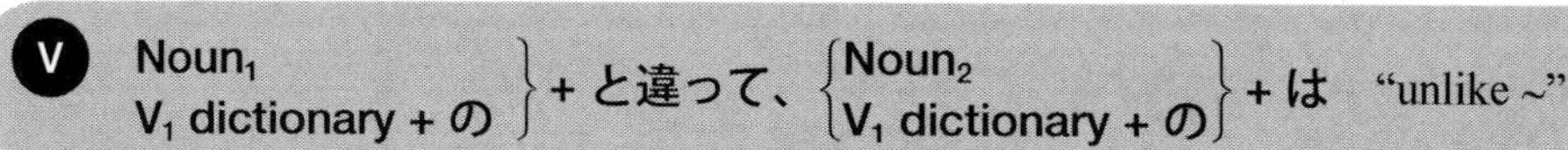

- 英語と違って、日本語は "I" と "you" を表す言葉がいくつもあって、……
  (Unlike English, Japanese has many words that indicate "I" and "you", and . . .)

1. 私と違って、妹は動物があまり好きじゃありません。
2. この辺は昼間(ひるま)と違って、夜は人がほとんど歩いていない。
3. 犬と違って、ねこは散歩(さんぽ)に連れて行かなくてもいいので、飼(か)いやすい。
4. コンピューターで書くのと違って、手で書くのは直すのが大変だ。
5. 私の国と違って、日本は＿＿＿＿＿＿＿＿＿＿＿＿＿＿＿＿＿＿＿＿。
6. ＿＿＿＿＿＿＿＿＿＿と違って、＿＿＿＿＿＿＿＿＿＿＿＿＿＿＿＿＿。

VI ~なくなった (~ない→~なくなった) "no longer ~; to have reached the point where one does not do something"

- はずかしい経験はあまりしなくなりましたが、……
  (I don't really have embarrassing experiences any more, but . . .)

1. 最近は、がん(cancer)は治(なお)らない病気ではなくなった。
2. 大きいプロジェクトが終わって、前ほど忙しくなくなった。
3. 今の子供は本を読まなくなったと思います。
4. Eメールを使うようになって、あまり手紙を書かなくなった。
5. 高校生の時は毎日テレビを見ていましたが、大学生になってから＿＿＿＿＿＿＿＿＿＿＿＿＿＿＿＿。
6. 前は＿＿＿＿＿＿＿＿＿＿＿＿＿＿が、最近＿＿＿＿＿＿＿＿＿＿＿＿。

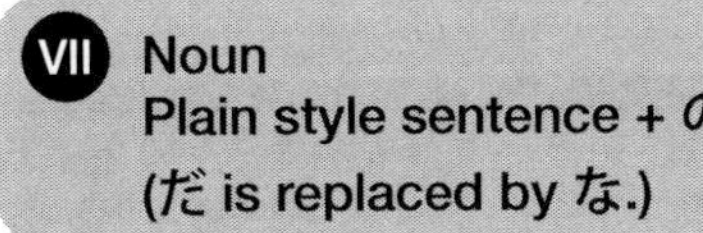

VII **Noun / Plain style sentence + の (だ is replaced by な.) } + に驚く** "to be surprised at ~"

- それには驚いてしまいました。
  (I was surprised by that.)

1. 大きな音に驚いて、外に出てみました。
2. 東京へ行って、アパートが高いのに驚きました。
3. 日本の地下鉄がとても便利なのに驚いた。
4. 海の深い所にも生物(せいぶつ)(a living creature)がいるのに人々は驚いた。
5. 大学に入って、____________________________驚きました。
6. 百年前の学生が今の学生を見たら、____________________驚くと思う。

◆ 話しましょう　言葉の使い方

1. 次の和製英語の意味は何でしょうか。

＊和製英語 = a Japanese–English word, *Japanglish*

シルバーシート	トレーナー	ペーパードライバー
コンセント	スキンシップ	ショートカット
グリーン車	バイキング	トランプ
ガードマン	リフォーム	モーニングサービス

2. この他に、あなたの知っている和製英語がありますか。

3. あなたの国にも、日本語の和製英語のような言葉がありますか。

4. あなたの国では、世代によってどのような言葉の違いがありますか。（あなたの世代と両親の世代、おじいさん・おばあさんの世代 など）

5. あなたの国では、時代とともに使い方や意味が変わってきた言葉がありますか。

◆ 聞きましょう　友達との会話・家族の会話

友達との会話 ～結婚式のパーティーで

質問

1. 正しいものはどれですか。○をつけなさい。

　① 男の人は、スピーチをしている時、自分を（　）わたし／（　）わたくし／（　）僕(ぼく)　と呼んだ。

　② 純子(じゅんこ)さんは、女友達と話している時、自分を（　）わたし／（　）わたくし／（　）あたし　と呼んだ。

2. 純子さんの友達は、男の人はどうして彼女がいないと思いましたか。

3. 男の人は、何があまり好きじゃないと言いましたか。

4. 男の人はどうして純子さんのネックレスについて聞きましたか。

家族の会話～レストランで

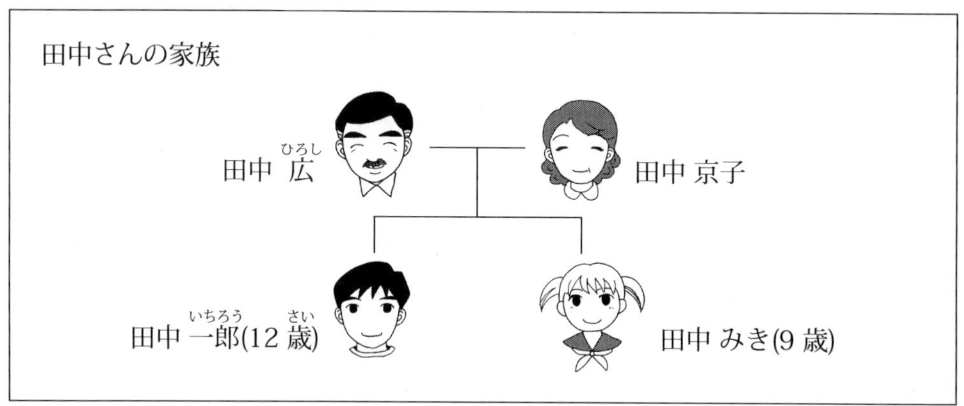

質問

1. 正しいものはどれですか。○をつけなさい(答えが二つある場合は、二つ選びなさい。)

① みきは、一郎と話している時、自分を ( )あたし / ( )私 / ( )僕 と呼んだ。

② 一郎は、みきと話している時、自分を ( )私 / ( )僕 / ( )おれ と呼んだ。

③ 一郎は、京子と話している時、自分を ( )私 / ( )僕 / ( )おれ と呼んだ。

④ 京子は、広と話している時、広を ( )ご主人 / ( )お父さん / ( )あなた と呼んだ。

2. 京子は、部長の奥さんにどこで会ったことがありますか。

3. あなたの国では、家族や兄弟を呼ぶ時に使う特別な表現がありますか。場合によって、使い方が違うこともありますか。説明しなさい。

◆ 読みましょう　贈り物をする時の言葉

言葉				
	贈り物（おくもの）	a gift	お歳暮（せいぼ）	a seasonal gift in winter
	決まり文句（きもんく）	a set phrase	お返し	a return of gift
	儀礼的（な）（ぎれいてき）	ritual; courteous	感謝（かんしゃ）	appreciation; gratitude
	お中元（ちゅうげん）	a seasonal gift in summer	特徴（とくちょう）	a feature; a characteristic

日本人は贈り物をする時、あいさつとして「つまらないものですが」という言葉を使うと言われている。しかし、本当にいつもこの決まり文句を使うのだろうか。

日本人は、大きく分けて三つの場合に贈り物をすると考えられる。一つは、昔からの習慣で儀礼的に贈り物をする場合で、お中元やお歳暮がその例である。お中元、お歳暮はいつもお世話になっている人、例えば、上司や学校の先生などに贈る。「つまらないものですが ……」という言葉はこのような儀礼的な贈り物をする時の決まり文句として使うことが多い。「つまらないものなので、お返しは必要ありません」という気持ちを伝えているのである。

二つめは、例えば誕生日などに個人的な贈り物をする場合である。贈る人は相手がどんな人か、どんな物が好きかなどを考えて選んだものを贈る。この時は「つまらないものですが」ということばを使うことはほとんどない。「○○さんに似合うと思って ……」「気に入っていただけるといいんですが ……」など、いろいろな表現がある。もらった人もうれしい気持ちや感謝の気持ちをはっきりと表現する。

もう一つは「おみやげ」である。旅行先から友人や知人のために買って帰った物のことである。あげる時には、そのおみやげの特徴を説明したり、それを買った場所や店の名前を言ったりすることもある。例えば「京都で買ったんですけど、とてもおいしかったので、○○さんにもと思って…」「私のいなかで買ったものなんですけど、ちょっとめずらしいかと思って ……」のように言うことができる。特に説明が必要でなければ、「どうぞ」とだけ言って相手にあげることもある。

つまり、日本人が贈り物をする時はいつも「つまらないものですが……」と言うわけではない。贈る場合、贈る相手、贈る物、贈る気持ちによって、言葉を使い分けるのである。

質問

1. 日本人は、どんな場合に贈り物をしますか。

2. 「つまらないものですが」という表現は、使う人のどのような気持ちを伝えていますか。

3. 「つまらないものですが」という決まり文句を使うのはどのような場合ですか。また使わないのはどのような場合ですか。

4. あなたは北海道に旅行して、有名な「さっぽろや」のおかしをおみやげに買ってきました。それを知り合いにあげようと思っていますが、何と言いますか。

5. この筆者が言いたいことを、自分の言葉でまとめなさい。　＊筆者 = the writer

◆ 書きましょう　小論文（しょうろんぶん）

＊小論文（しょうろんぶん）= a short essay

小論文（しょうろんぶん）を書いてみましょう。

1. 小論文の書き方

(1) 論文・レポートでよく使われるスタイル　だ・である体

	です・ます	だ・である
Noun	国です。 国で、	国だ／国である。 国で／国であり、
な Adj.	有名です。 有名で、	有名だ／有名である。 有名で／有名であり、
い Adj.	高いです。 高くて、	高い。 高く、
Verb	留学しました。 留学して、 留学していて、	留学した。 留学し、 留学しており、

(2) 接続詞（せつぞくし） (conjunctions)

しかし/けれども/だが	however				
そして	and	それから	and then		
また	also	さらに	furthermore	それに	what is more
そのため	because of that	したがって	therefore	その結果（けっか）	as a result
なぜなら	that is because	というのは	the reason is because		
つまり	in sum				

第5課　言葉と文化

(3) レトリック (rhetoric)

A. 質問形 (questioning rhetorically)
To assert your argument by questioning it without expecting an answer

- 日本語はどう変わってきているのだろうか。
- 日本語は変わってきているのではないだろうか。

B. 指示形 (inducing)
To induce the audience in order to engage them in your presentation

- 他の例を見てみよう。
- 他の例を見てみなければならない。

C. 確認形 (grounding)
To confirm mutual understanding of facts/ideas in order to present an argument smoothly

- ここではっきりしているのは、言語は変わっているということだ。
- このことからわかるように、日本語は変わってきているようだ。

2. 練習
次の文章を「である」体に変えなさい。

最近、若い女性が「僕」や「おれ」と言うのを電車の中やテレビで聞くことがあります。これはどういうことでしょうか。「僕」や「おれ」は男性の言葉だと言われていますが、日本語の使い方は変わってきているのでしょうか。そこで、今回、アンケートを行なって、「僕」や「おれ」の使い方が世代によってどう違うか調べてみました。

アンケートでは、10代と20代の70%の人が「女性が『僕』を使ってもいい」と答えて、30代と40代の50%の人は「相手や場面によって使ってもいい」と答えました。これに対して、50代と60代の60%の人は「女性が『僕』と言うのはよくない」と答えました。

今回の結果からわかったことは、「僕」と「おれ」の使い方は世代による違いが大きくて、特に若い人ほど自由な考えを持っているということです。今後、ほかの言葉についてもさらに調べてみたいと思います。

3. 「言葉は時代とともに変わる」というテーマで、「である体」を使って、小論文を書きなさい。(400字ぐらい)

◆ 楽しみましょう　ドラマを演(えん)じる

＊演(えん)じる = to perform; to act out

TBSテレビ・東芝日曜劇場
『ビューティフルライフ～二人でいた日々～』

発売元TBS　販売元パイオニアLDC株式会社

日本語のクラスでプロジェクトとしてテレビドラマの一部(いちぶ)を演(えん)じてみることになりました。あなたのグループは『ビューティフルライフ』を選びました。

『ビューティフルライフ』
男性美容師(びようし)と病気に負けずに明るく生きる女性とのラブストーリー

＊美容師(びようし) = a hairdresser

ドラマに出てくる人
沖島(おきしま) 柊二(しゅうじ)：27歳(さい)の男性。美容師
町田(まちだ) 杏子(きょうこ)：病気で、十年以上車椅子(くるまいす)の生活をしている27歳の女性。図書館につとめている

車椅子(くるまいす) = a wheel chair

ステップ1

オーディオファイルのモデルを聞いて、出てくる人の気持ちを考えてみる。

↓

ステップ2

どのように演じたらよいか考えながら、グループで練習する。

↓

ステップ3

どんな身振り(みぶ)り、どんな顔をしているか考えながら演じてみる。

＊身振(みぶ)り = a gesture

杏子(きょうこ)が柊二(しゅうじ)に電話をかける。けんかとなる。

柊二：はい、もしもし。

杏子：あ、あたし。

柊二：ああ。

杏子：やっと通(つう)じた。(You finally picked up.)

柊二：何？

杏子：何、って。さっきも電話したんだよ。

柊二：あ、ほんと。やあ、ちょっと人と会ってたからさ。

杏子：人って、だれ？

柊二：だれだっていいじゃん。

杏子：女の人？

柊二：そんなわけ、ないっしょ。

違う場所で、同じ月を見ながら電話で話している。

杏子：もしもし。
柊二：あ、ごめん、もう寝てた？
杏子：ううん、起きてたよ。
柊二：ほんと。（ためいき）　　＊ためいき = a sigh
杏子：どうした？
柊二：いや、別に。
杏子：ねえ 柊二（しゅうじ）。外みて。
柊二：なんで。
杏子：月、きれえだよ。
柊二：うそ。（バルコニーに出て月を見る）あ、ほんとだ。
杏子：ねえ。
柊二：うん。

海で夕日（ゆうひ）をいっしょに見ながら話している。　　＊夕日（ゆうひ） = the setting sun

柊二：うわあ、すげえきれえ。
杏子：えっ？
柊二：夕日。
杏子：ほんとだ。ここ、景色（けしき）いいね。　　＊景色（けしき） = a view
柊二：ねえ。

第5課 言葉と文化

第六課

詩

- 初めに・・・話し合ってみましょう
- 読み物「宮沢賢治（みやざわけんじ）」

  【本文】

  【内容質問】

  【語彙リスト】

  【漢字リスト】

  【文法ノート】

- 話しましょう　　ふたつの「たんぽぽ」
- 読みましょう　　詩「たんぽぽ（川崎洋（かわさきひろし））」の鑑賞（かんしょう）
- 聞きましょう　　講義（こうぎ）・高村光太郎（たかむらこうたろう）
- 書きましょう　　詩
- 楽しみましょう　日本の歌

◆ 初めに・・・話し合ってみましょう

1. 詩(し)を読む人は小説を読む人よりずっと少ないようですが、それはなぜだと思いますか。

2. あなたはどちらの方をよく読みますか。なぜですか。

3. 書くなら、どちらを書こうと思いますか。

4. 人はどんな時に詩が書きたいと思うのでしょうか。

5. 次の言葉から、何を思(おも)い浮(う)かべますか。　　＊思(おも)い浮(う)かべる = to think of

　赤　青　緑(みどり)　白
　春　夏　秋　冬

◆ 読み物 【本文】

宮沢賢治

宮沢賢治は日本で世代をこえて最もよく読まれ、愛されている作家の一人である。賢治は1896年に岩手県で生まれ、1933年、37歳の若さで亡くなった。そのため、生前に出版されたのは童話集「注文の多い料理店」と詩集「春と修羅」だけで、ほとんど世に知られていなかった。しかし、彼の死後、多数の童話と詩などが編集され出版されるとともに、その作品の豊かさと深さが広く認められるようになった。賢治の作品は幻想的で独特の世界を作り出していると言われるが、その魅力は何であろうか。

賢治が生まれた岩手県は、東京からは貧しい地方とみなされていた。しかし、賢治の生家は裕福な質屋であった。そのため、周囲の貧しい人たちからとった利益によって恵まれた生活をしてきたのではないかという思いに彼は苦しめられた。そうした思いと仏教への信仰により、賢治は短い人生の間、貧しい農村の生活をよくすることに役立ちたいという情熱を持ち続けた。彼の信仰はその作品にも影響を与えたと言われている。

賢治の作品には、自然との交流を表すものも多い。賢治は、生き物はみな兄弟であり、生き物全体の幸せを求めなければ、個人のほんとうの幸福もありえないと考えていた。また、ただそう考えたばかりでなく、野や山を歩き、生き物や自然と関わり、我を忘れることもあった。賢治の文章の豊かさ、活力は、そうした自然との交流から得たエネルギーからきているのである。賢治の作品を通して、読者は自然に対する近代の人間のごうまんさを知り、人と生き物と地球と宇宙の新たな関係を考え直すようになるのではないだろうか。

宮澤賢治肖像写真
立像 © Rinpoo

◆ 読み物【本文】

宮沢賢治

宮沢賢治は日本で世代をこえて最もよく読まれ、愛されている作家の一人である。賢治は1896年に岩手県で生まれ、1933年、37歳の若さで亡くなった。そのため、生前に出版されたのは童話集「注文の多い料理店」と詩集「春と修羅」だけで、ほとんど世に知られていなかった。しかし、彼の死後、多数の童話と詩などが編集され出版されるとともに、その作品の豊かさと深さが広く認められるようになった。賢治の作品は幻想的で独特の世界を作り出していると言われるが、その魅力は何であろうか。

賢治が生まれた岩手県は、東京からは貧しい地方とみなされていた。しかし、賢治の生家は裕福な質屋であった。そのため、周囲の貧しい人たちからとった利益によって恵まれた生活をしてきたのではないかという思いに彼は苦しめられた。そうした思いと仏教への信仰により、賢治は短い人生の間、貧しい農村の生活をよくすることに役立ちたいという情熱を持ち続けた。彼の信仰はその作品にも影響を与えたと言われている。

賢治の作品には、自然との交流を表すものも多い。賢治は、生き物はみな兄弟であり、生き物全体の幸せを求めなければ、個人のほんとうの幸福もありえないと考えていた。また、ただそう考えたばかりでなく、野や山を歩き、生き物や自然と関わり、我を忘れることもあった。賢治の文章の豊かさ、活力は、そうした自然との交流から得たエネルギーからきているのである。賢治の作品を通して、読者は自然に対する近代の人間のごうまんさを知り、人と生き物と地球と宇宙の新たな関係を考え直すようになるのではないだろうか。

宮澤賢治肖像写真
立像 © Rinpoo

賢治の作品の中で特に有名なのが「雨ニモマケズ」という詩であるが、もともと人に読んでもらうために書いたものではないらしい。これは亡くなる二年前に手帳の中に書き残したメモの一つである。その頃、彼は病気のため、自由に歩くことさえできなかった。その年、家族に遺書（いしょ）を書いていることから、賢治は死を覚悟（かくご）していたと考えられる。読者はこの詩から彼の生き方の理想を読み取ることができるだろう。

賢治の作品の中で特に有名なのが「雨ニモマケズ」という詩であるが、もともと人に読んでもらうために書いたものではないらしい。これは亡くなる二年前に手帳の中に書き残したメモの一つである。その頃、彼は病気のため、自由に歩くことさえできなかった。その年、家族に遺書を書いていることから、賢治は死を覚悟していたと考えられる。読者はこの詩から彼の生き方の理想を読み取ることができるだろう。

雨にも負けず（雨ニモマケズ）

雨にも負けず
風にも負けず
雪にも夏の暑さにも負けぬ丈夫な体を持ち
欲はなく
決して怒らず
いつも静かに笑っている
一日に玄米四合と味噌と少しの野菜を食べ
あらゆることを
自分を勘定に入れずによく見聞きし分かり
そして忘れず
野原の松の林の陰の小さな茅葺き小屋にいて
東に病気の子どもあれば行って看病してやり
西に疲れた母あれば行ってその稲の束を負い
南に死にそうな人あれば行って怖がらなくてもいいと言い
北に喧嘩や訴訟があればつまらないからやめろと言い
日照りの時は涙を流し
寒さの夏はおろおろ歩き
みんなにデクノボーと呼ばれ
ほめられもせず
苦にもされず
そういうものにわたしはなりたい

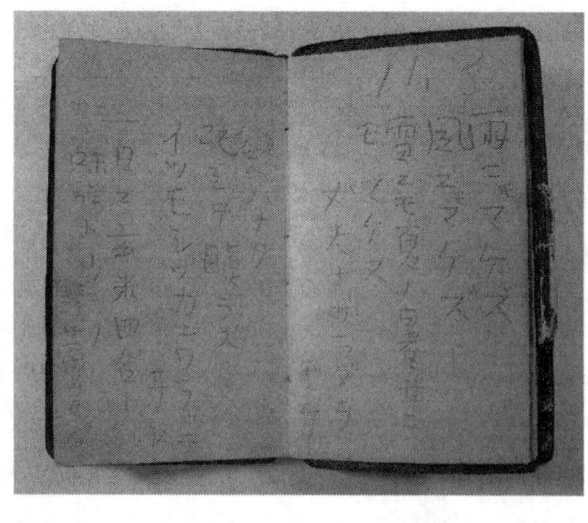

宮澤賢治作「雨ニモマケズ・・・」手帳1～2ページ

Not Beaten by the Rain

Not beaten by the rain
Not beaten by the wind
Neither beaten by the snow nor by the heat of summer
Possessing a strong body
Without desires
Never getting angry
Always quietly smiling
Having four *go* s of brown rice a day
With miso and some vegetables
In everything
Not taking self into consideration
Observing well and understanding
And not forgetting
In the shade of a pine grove in the field
Living in a little thatched hut
If there is a sick child in the east
Going there to nurse the child
If there is a tired mother in the west
Going there to carry that sheaf of rice on the back
If there is someone about to die in the south
Going there to tell him not to be afraid
If there is a quarrel or lawsuit in the north
Telling them to stop because it is nonsense
Shedding tears in times of drought
Wandering in bewilderment during the cold summer
Called dummy by everyone
Neither being praised
Nor being cared
Such a person I want to become **(Translated by Edson Wang)**

【内容質問】

A.

1. 宮沢賢治が生前あまり知られていなかったのはなぜですか。

2. 賢治の生まれたところはどんなところですか。

3. 賢治が苦しめられたのはなぜですか。

4. 賢治は個人のほんとうの幸福には何が欠かせないと考えていましたか。

5. 「自然に対する近代の人間のごうまんさ」というのはどんなことだと思いますか。例をあげなさい。

6. 賢治は「雨ニモマケズ」という詩をどのような気持ちで書いたと思いますか。

7. 賢治の詩「雨ニモマケズ」の中の「そういうもの」（最後の行）というのは、どんなものでしょうか。自分の言葉で簡単に述べなさい。

B.

1. 12行目の「情熱」の修飾部分はどこから始まりますか。最初の一語を書きなさい。

2. 17行目の「ただそう考えた」の「そう」は何を指しますか。

3. 28行目の「その頃」というのは、いつですか。

【語彙リスト】

▲ 意味がわかればいい言葉

行		語彙	読み	意味
		詩	し	poetry; a poem
1	▲	こえる	こえる	to go over; to go beyond (Vt/-ru) 例：時代をこえて愛される
		愛する	あいする	to love (Vt/-u) 例：家族を愛する
		作家	さっか	a writer
3		生前	せいぜん	before *one's* death
		出版する	しゅっぱんする	to publish (Vt/irr) 例：詩集を出版する
	▲	童話集	どうわしゅう	a collection of children's stories
	▲	注文の多い料理店	ちゅうもんのおおいりょうりてん	"The Restaurant of Many Orders"
		詩集	ししゅう	a collection of poems
	▲	春と修羅	はるとしゅら	"Spring and Chaos"
4		ほとんど〜ない	ほとんど〜ない	almost never
	▲	世に知られる	よにしられる	to be widely known (Vi/-ru) 例：彼は作家として世に知られている
		死後	しご	after *one's* death
		多数の〜	たすうの〜	a number of
5	▲	編集する	へんしゅうする	to compile (Vt/irr) 例：本を編集する
		豊か (な)	ゆたか (な)	rich
		深い	ふかい	deep; profound
		認める	みとめる	to recognize (Vt/-ru) 例：作品のよさを認める
6	▲	幻想的 (な)	げんそうてき (な)	fantastic; imaginary
		作り出す	つくりだす	to create (Vt/-u) 例：独特の世界を作り出す
7		魅力	みりょく	charm
8		貧しい	まずしい	poor
		地方	ちほう	a rural district

9	▲	生家	せいか	*one's* parents' home
	▲	裕福（な）	ゆうふく（な）	rich; wealthy
	▲	質屋	しちや	a pawnshop
		周囲	しゅうい	surroundings
10		利益	りえき	a profit
		恵まれた	めぐまれた	blessed; fortunate
		苦しめる	くるしめる	to distress; to cause suffering (Vt/-ru) 例：親を苦しめる
11		信仰	しんこう	faith; a belief
		人生	じんせい	life
		農村	のうそん	a farming village
12		役立つ	やくだつ	to be useful (Vi/-u) 例： 仕事に役立つ
		情熱	じょうねつ	passion
14		交流	こうりゅう	an exchange; an interchange
15		生き物	いきもの	a living thing
16		幸せ	しあわせ	happiness
		求める	もとめる	to seek (Vt/-ru) 例：幸せを求める
17	▲	幸福	こうふく	happiness
		ありえない	ありえない	impossible
19		関わる	かかわる	to interact with (Vi/-u) 例：自然と関わる
	▲	我を忘れる	われをわすれる	to be absorbed in *something* so deeply that *one* forgets *one's* surroundings
20		文章	ぶんしょう	a writing; a composition
	▲	活力	かつりょく	vitality; energy
21		得る	える	to get; to obtain (Vt/-ru) 例：新しい仕事を得る
		エネルギー	エネルギー	energy
22		（〜を）通して	（〜を）とおして	through
		読者	どくしゃ	a reader
		（〜に）対する	（〜に）たいする	for; toward
23		近代	きんだい	the modern ages
	▲	ごうまん（な）	ごうまん（な）	arrogant

24		宇宙	うちゅう	the universe
		新た（な）	あらた（な）	new; fresh
26		もともと	もともと	originally
28		手帳	てちょう	a notebook
		書き残す	かきのこす	to leave behind (a note, letter, etc) (Vt/-u) 例：手紙を書き残す
		メモ	メモ	a memo
		自由（な）	じゆう（な）	free
29	▲	遺書	いしょ	a will
		死	し	death
30	▲	覚悟する	かくごする	to be prepared for (Vt/irr) 例：死を覚悟する
		理想	りそう	an ideal
		読み取る	よみとる	to read (Vt/-u) 例：作者の考えを読み取る

語彙	読み	意味
丈夫（な）	じょうぶ（な）	healthy; strong
欲	よく	desire; greed; avarice
怒る	いかる	to get angry (Vi/-u) 例：父が怒る
玄米	げんまい	unpolished rice; brown rice
〜合	〜ごう	a *go* (= 0.18 liter)
味噌	みそ	miso; fermented soybean paste
あらゆる	あらゆる	all
勘定に入れる	かんじょうに いれる	to take into consideration (Vt/-ru) 例：自分を勘定に入れる
見聞きする	みききする	to observe; to experience (Vt/irr) 例：ニュースを見聞きする
野原	のはら	a field
松の林	まつのはやし	a pine forest
陰	かげ	in the shade of (a tree)
茅葺き小屋	かやぶきごや	a hut with a thatched roof
看病する	かんびょうする	to take care of (a sick person) (Vt/irr) 例：病気の母を看病する
稲の束	いねのたば	a sheaf of rice
負う	おう	to carry *something* on *one's* back (Vt/-u) 例：荷物を負う
喧嘩	けんか	a fight; a quarrel
訴訟	そしょう	a lawsuit
日照り	ひでり	a drought
（涙を）流す	（なみだを） ながす	to shed (tears) (Vt/-u) 例：悲しくて、涙を流す
おろおろ	おろおろ	being at a loss; feeling powerless
デクノボー	デクノボー	a feeble-minded person; a blockhead
苦にする	くにする	to worry about (Vt/irr) 例：病気を苦にする

第6課 詩

【漢字リスト】

愛　亡　詩　豊　認　貧　苦　信　農　役
情　流　幸　求　個　章　得　対　球　宇
宙　静　笑　疲

新しい漢字を使った言葉

愛する	あいする
亡くなる	なくなる
詩集	ししゅう
豊か（な）	ゆたか（な）
認める	みとめる
貧しい	まずしい
苦しめる	くるしめる
信仰	しんこう
農村	のうそん
役立つ	やくだつ
情熱	じょうねつ
交**流**	こうりゅう
幸せ	しあわせ
求める	もとめる
個人	こじん
文**章**	ぶんしょう
得る	える
対する	たいする
地**球**	ちきゅう
宇宙	うちゅう
静か（な）	しずか（な）
笑う	わらう
疲れる	つかれる

【文法ノート】

I V dictionary + とともに "as ~; at the same time as ~"

～とともに describes one movement or action that occurs at the same time as another movement or action. Also, this is used to illustrate a change that follows and happens as a result of an initial change. The latter use of ～とともに is synonymous with ～につれて.

- 多数の童話と詩などが編集され出版されるとともに、その作品の豊かさと深さが広く認められるようになった。
  (As many of his fairy tales and poems were edited and published, the abundance and depth of his works grew to be well respected and received wide recognition.)

1. 兄は、大学を卒業するとともに、家を出て一人で暮らし始めた。
2. 彼は、来学期日本語の勉強を続けるとともに、中国語のクラスも取るつもりのようだ。
3. 有名になるとともに、忙しくなった。
4. 牛肉の輸入が増えるとともに、値段が下がってきた。
5. 大学に入るとともに、____________________________。
6. ____________________________、目や耳が悪くなる。

II Noun / Plain style sentence } + とみなされる "X is considered as ~"

- 賢治が生まれた岩手県は、東京からは貧しい地方とみなされていた。
  (From the perspective of people living in Tokyo, Iwate Prefecture, where Kenji was born, was considered a poor region.)

1. 二十分以上の遅刻は欠席とみなされます。
2. テレビゲームの中には、子供に悪い影響を与えるとみなされているものがある。
3. 何も言わなかったため、その意見に賛成だとみなされてしまった。
4. その答えは正しいとみなされた。
5. この試験は____________________________合格とみなされる。
6. アメリカは____________________________。

III Noun / V dictionary + こと } + により／によって "with ~; by ~"

- そうした思いと仏教への信仰により、賢治(けんじ)は……
  (With these thoughts and his faith in Buddhism, Kenji . . .)

1. 父の転勤(てんきん)により、新しい生活が始まった。
2. インターネットによって、世界中の事が楽に調べられるようになった。
3. 大変でも何度も辞書を引くことにより、漢字を覚えることができる。
4. 毎日練習することによって、日本語は上手になる。
5. 地球の温暖化により、＿＿＿＿＿＿＿＿＿＿＿＿＿＿＿＿＿＿。
6. ＿＿＿＿＿＿＿＿＿＿＿＿＿＿＿、日本の文化が理解できるようになった。

IV Compound verbs

A compound verb is comprised of two verbs. The following are some examples of frequently used compound verbs:

V stem + 続ける "continue ~ing"
V stem + 始める "begin ~ing"
V stem + 直す "do ~ again"
V stem + かえる "change ~"

- 情熱を持ち続けた。
  (He continued to have a passion.)

1. 先生に静かにするように言われたのに、学生は話し続けました。
2. ピアノはまだ習い始めたばかりで、あまり上手に弾(ひ)けない。
3. この漢字は形(かたち)が変だから、書き直したほうがいいですよ。
4. 次の駅でバスに乗りかえてください。
5. 作文を出す前に、＿＿＿＿＿＿＿＿＿＿＿＿＿＿＿＿＿＿。
6. 私は死ぬまで＿＿＿＿＿＿＿＿＿＿＿＿＿＿＿つもりです。

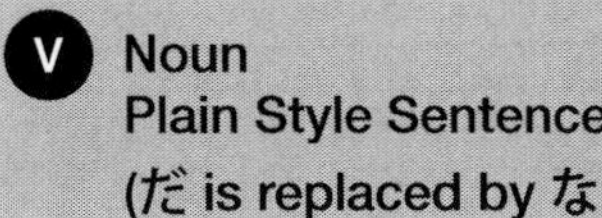

V Noun / Plain Style Sentence (だ is replaced by な.) + ばかりで（は）なく Noun + も "not only ~ but also ~"

- ただそう考えたばかりでなく、野(の)や山を歩き、生き物や自然と関わり、我(われ)を 忘れることもあった。
  (Not only was he thinking that way but he also wandered around fields and mountains to interact with living things and nature. And, because he was so deep in his thoughts, he sometimes forgot his surroundings.)

1. このレストランでは、中国料理ばかりでなく、日本料理も食べられる。
2. その学校には、日本からばかりではなく、いろいろな国からも学生がたくさん勉強しに来ている。
3. あの人は頭がいいばかりでなく、運動もよくできます。
4. 試験では漢字が読めなかったばかりでなく、助詞(じょし)(a particle)も間違えてしまいました。
5. ディズニーランドは____________________おとなも楽しめる所だ。
6. 日本料理は____________________。

VI らしい

A. Plain style sentence + らしい "apparently ~; it seems that ~ ; I heard that ~" (だ is dropped.)

- もともと人に読んでもらうために書いたものではないらしい。
  (It seems that originally the author did not mean for it to be read by others.)

1. 田中さんは、来月会社をやめるらしいです。
2. 今度の試験は、そんなに難しくなかったらしいですよ。
3. 中国語の文法(ぶんぽう)は、日本語の文法に比べると簡単(かんたん)らしい。
4. 明日のパーティーには、だれも来られないらしい。
5. 最近の高校生は、あまり____________________。
6. 山田さんのご主人は、料理が____________________。

B. Noun + らしい "typical of ~"

1. 秋らしい天気が続きますね。
2. 鈴木(すずき)さんは、日本人らしくないですね。
3. 子供なら子供らしく、もっと外で元気に遊(あそ)びなさい。
4. A：田中さんは今日もクラスを休んでいますね。
   B：ええ、田中さんらしくありませんね。どうしたんでしょうか。
5. 今日は暖かくて、＿＿＿＿＿＿＿＿日だった。
6. 山口さんは、＿＿＿＿＿＿＿＿＿＿＿＿＿＿。学生らしくない。

VII Noun + さえ "even ~"

- その頃、彼は病気のため、自由に歩くことさえできなかった。
  (At the time, he was not even able to walk freely due to his illness.)

1. その人とはよく公園で会って話すけれど、名前さえ知らない。
2. 彼は両親にさえ相談(そうだん)しないで、学校をやめてしまった。
3. 忙しくて、おなかがすいていることさえ忘れてしまった。
4. 彼は本が好きで、トイレの中でさえ読んでいる。
5. のどが痛くて、＿＿＿＿＿＿＿＿＿＿＿＿＿＿＿＿＿＿＿＿。
6. こんなにやさしい漢字なら、＿＿＿＿＿＿＿＿＿＿＿＿＿＿＿＿＿＿＿＿。

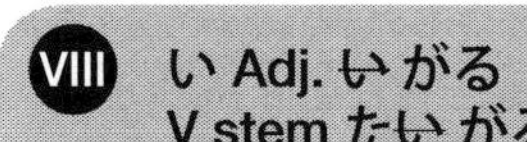

VIII い Adj. ~~い~~ がる / V stem た~~い~~ がる "*someone* shows emotion/feeling for/to ~"

This expression is used to describe the psychological or physiological status of another person or thing.

- 南に死にそうな人あれば行って怖(こわ)<u>がらなくて</u>もいいと言い
  (If there is a person in the south who is dying, I will tell them they should not fear . . .)

1. 子供は新しいおもちゃをほしがって泣いて、母親(ははおや)を困らせた。
2. マイクさんは日本語が上手なのに、日本人と話す時、はずかしがってなかなか話しません。
3. 私の犬は私が出かける時はいつも一緒に行きたがって、ワンワンほえる(to bark)んですよ。
4. 最近の子供は、あまり外で遊(あそ)びたがらないようだ。
5. いくら弟が______________________、父は絶対(ぜったい)にだめだと言った。
6. 子供の時からの友達が遠いところに行ってしまって、ジュリーさんはとても______________________。

◆ 話しましょう　ふたつの「たんぽぽ」

＊たんぽぽ = a dandelion

1. ペアでふたつの詩を声を出して読んでみましょう。

2. どちらの「たんぽぽ」の詩が好きか、それはどうしてか話し合ってみましょう。

たんぽぽ　川崎 洋(かわさきひろし)

たんぽぽが
たくさん飛(と)んでいく
ひとつひとつ
みんな名前があるんだ
おーい　たぽんぽ
おーい　ぽぽんた
おーい　ぽんたぽ
おーい　ぽたぽん
川に落(お)ちるな

たんぽぽ　星野富弘(ほしのとみひろ)（花に寄(よ)せて）

いつだったか
きみたちが空をとんで行くのを見たよ
風に吹(ふ)かれて
ただ一つのものを持って
旅(たび)する姿(すがた)が
うれしくてならなかったよ
人間(にんげん)だって　どうしても必要なものは
ただ一つ
私も　余分(よぶん)なものを捨(す)てれば
空がとべるような気がしたよ

＊旅(たび)する姿(すがた) = your traveling figures
＊余分(よぶん)な = unnecessary; extra
＊とべる = can fly

質問（川崎の「たんぽぽ」）

1. 季節はいつでしょうか。

2.「おーい」という言葉は、だれがだれに言ったのだと思いますか。

3. 作者はこの時、どこにいると思いますか。

4. この詩を読んで、何を感(かん)じましたか。

質問（星野の「たんぽぽ」）

1. 作者はどうしてうれしかったのでしょうか。

2. 作者にとって、「どうしても必要なもの」というのは何だと思いますか。

3. 作者にとって、「余分なもの」というのは何だと思いますか。

4. この詩を読んで、何を感じましたか。

◆ 読みましょう　詩「たんぽぽ（川崎洋（かわさきひろし））」の鑑賞（かんしょう）

＊鑑賞（かんしょう）する = to appreciate

言葉			
綿毛（わたげ）	a piece of dandelion fuzz	叫（さけ）ぶ	to shout; to cry (out); to scream
個性（こせい）	individuality; personality	かけがえのない	indispensable
距離（きょり）	a distance	愛情（あいじょう）	love; affection

下の文は、川崎洋（かわさきひろし）の詩「たんぽぽ」について書かれたものです。

たくさんのたんぽぽの綿毛（わたげ）がとんで行く。
その綿毛一つ一つに名前があるという。
たくさんあるものでも、きちんと名前を呼ぶと個性（こせい）が出てくる。
「おーい」と言っていることから、距離（きょり）が感（かん）じられる。
作者はいったいどこから見ていたのだろうか。
たんぽぽの綿毛はどこを飛（と）んでいるのであろうか。
うまく川をこえていったグループがあるのに、川に落（お）ちそうな四つの綿毛。
たくさんある綿毛のうち、四つだけ名前を呼んでいる。
つまり、四つが落ちそうなので、「おーい」と叫（さけ）び、その四つを呼び、注意しているのである。
綿毛の一つ一つは、名前をつけられることで、かけがえのない個人になる。
そして、「川に落（お）ちるな」と愛情（あいじょう）いっぱいの言葉をかけている。

質問

1. たくさんのたんぽぽの綿毛（わたげ）のうち、四つだけ名前を呼んだのはなぜだと思いますか。

2. 名前をつけることには、どんな意味があると言っていますか。

3. この筆者（ひっしゃ）の考え・解釈（かいしゃく）についてどう思いますか。　＊解釈（かいしゃく） = an interpretation

◆ 聞きましょう　講義・高村光太郎

＊講義 = a lecture

言葉			
退廃的	decadent	失う	to lose
救う	to save	支持する	to support
精神病にかかる	to develop a mental illness	反省する	to reflect on *one's* past conduct; to regret
捧げる	to dedicate; to devote		
看病する	to nurse *someone*	熱中する	to be absorbed in
肺結核	tuberculosis (of the lungs)	できあがる	to be completed
戦争	a war	悲しみ	sorrow; sadness

質問

講義を聞いて、正しければ○、間違っていたら×を書きなさい。

(　　) 光太郎の父、高村光雲は有名な詩人だった。

(　　) 光太郎は留学をした経験がある。

(　　) 退廃的な生活をしていた智恵子を救ったのは光太郎である。

(　　) 光太郎と智恵子が結婚したのは二人が知り合ってから2年後である。

(　　) 光太郎が熱心に看病したので、智恵子の病気はなおった。

(　　) 光太郎が山の中で生活をしたのは、日本が戦争に負けて残念だったからだ。

(　　) 光太郎は山の中で智恵子の彫刻を作った。

(　　) 詩集『智恵子抄』には智恵子への思いが書かれている。

高村光太郎 (1883–1956)

29歳の時の写真

長沼智恵子 (1886–1938)

光太郎と出会った頃の写真

あどけない話	A child's story (of the sky)
智恵子(ちえこ)は東京に空が無(な)いといふ、	Chieko says there is no sky in Tokyo,
ほんとの空が見たいといふ。	She says she wants to see the real sky.
私は驚いて空を見る。	Surprised, I look up at the sky.
桜(さくら)若葉(わかば)の間に在(あ)るのは、	What exists between the budding cherry blossom leaves
切っても切れない	Is the infinite
むかしなじみのきれいな空だ。	Good, old, beautiful sky.
どんよりけむる地平(ちへい)のぼかしは	What hazes the cloudy horizon is
うすもも色の朝のしめりだ。	The faint pink morning mist.
智恵子は遠くを見ながら言ふ。	Looking into the distance, Chieko says,
阿多多羅山(あたたらやま)の山の上に	The blue sky that rises above
毎日出てゐる青い空が	Mount Atatara every day
智恵子のほんとの空だといふ。	Is Chieko's real sky.
あどけない空の話である。	This is a child's story of the sky.

(Translated by Yurika Sugimoto)

1933年　塩原温泉で
©高村規写真事務所

◆ 書きましょう　詩

1. 詩を書く時によく使われるレトリック (rhetoric)

(1) 反復(はんぷく) (repetition)

（例）　いくつも、いくつも咲(さ)いている

（練習）＿＿＿＿＿＿＿＿＿＿＿泣いている

＿＿＿＿＿＿＿＿＿＿＿と言っている

(2) 体言止(たいげんど)め (noun ending)

（例）　光る海　　あなたがくれた命(いのち) (life)　　あなたと歩いたあの道

（練習）＿＿＿＿＿＿＿＿＿＿＿空

＿＿＿＿＿＿＿＿＿＿＿あなた

(3) 比喩(ひゆ) (figure of speech)

A. 直喩(ちょくゆ) (simile)

（例）　あなたの目は星(ほし) (a star) のようだ　　花のような笑顔(えがお) (a smile)

（練習）＿＿＿＿＿＿＿＿＿＿＿月

あなたの心は

B. 隠喩(いんゆ) (metaphor)

（例）　あなたはダイヤモンドだ　　父は大地(だいち) (the land) だ

（練習）母は

人生は

C. 擬人法(ぎじんほう) (personification)

（例）　太陽(たいよう) (the sun) が笑っている　　ひまわりの花が踊(おど)っている

（練習）山が

風が

2. 上のレトリックを使って詩を書いてみましょう。

◆ 楽しみましょう　日本の歌

1. 日本の代表的な四季の歌を歌いましょう。

春の歌『春が来た』

春が来た　春が来た　どこに来た
山に来た　里(さと)に来た　野にも来た　　＊里(さと) = a village
花がさく　花がさく　どこにさく
山にさく　里にさく　野にもさく

夏の歌『うみ』

うみは　ひろいな
おおきいな
つきは　のぼるし
ひが　しずむ　　＊しずむ = to sink
うみに　おふねを
うかばせて　　＊うかばせる = to make *something* float
いってみたいな
よそのくに　　＊よそのくに = a foreign country

秋の歌『小さい秋みつけた』

だれかさんが　だれかさんが
だれかさんが　みつけた
ちいさい秋　ちいさい秋
ちいさい秋　みつけた
めかくし鬼(おに)さん　手のなる方へ
すましたお耳に　かすかにしみた
よんでる口ぶえ　もずの声
ちいさい秋　ちいさい秋
ちいさい秋　みつけた

＊めかくし = blind-folded
＊鬼(おに)さん = a demon; a devil
＊なる = to sound
＊耳をすます = to listen carefully
＊かすかにしみる = *one* can hear dimly
＊口ぶえ = a whistle
＊もず = a shrike

冬の歌『雪』

雪やこんこ　霰(あられ)やこんこ
降っては降っては　ずんずん積(つも)る
山も野原(のはら)も　綿帽子(わたぼうし)かぶり
枯木(かれき)残らず　花が咲く
雪やこんこ　霰やこんこ
降っても降っても　まだ降りやまぬ
犬は喜び　庭駈(にわか)けまわり
猫(ねこ)は火燵(こたつ)で　丸(まる)くなる

＊霰(あられ) = hail
＊積(つも)る = to accumulate
＊綿帽子(わたぼうし) = a cotton hat
＊枯木(かれき) = a dead tree
＊駈(か)けまわる = to run about
＊火燵(こたつ) = a low table covered by a *futon* with a heating device inside
＊丸(まる)くなる = to curl up

2. あなたの国の四季の歌を紹介(しょうかい)するなら、どんな歌を選びますか。

第七課

食文化

◆ 初めに・・・話し合ってみましょう

◆ 読み物「駅弁：玉手箱(たまてばこ)の魅力」

【本文】

【内容質問】

【語彙リスト】

【漢字リスト】

【文法ノート】

◆ 話しましょう　あなたの国の料理

◆ 聞きましょう　デパ地下

◆ 読みましょう　箸(はし)のはなし

◆ 書きましょう　レストランガイド

◆ 楽しみましょう　卵焼(たまごや)きの作り方

◆ 初めに ･･･ 話し合ってみましょう

1. あなたが一番好きな料理は何ですか。よく食べますか。どこで食べますか。

2. あなたの国の代表的な料理は何ですか。どんな材料（ざいりょう）を使って、どんな時に食べますか。

3. 次の日本料理を知っていますか。知っている人はどんな料理か説明してください。それから、その料理がどのぐらい好きか、食べてみたいか、クラスメートと話しましょう。

お好（この）み焼（や）き	すきやき	てんぷら
うどん	とんかつ	親子（おやこ）どんぶり

◆ 読み物 【本文】

駅弁：「玉手箱」の魅力

今日、四月十日は「駅弁の日」である。それは、「4」と「十」を合わせると「弁」の字に見えるからだそうだ。窓の外の景色を見ながら列車の中でその地方の駅弁を食べることは、日本人にとって旅の大きな楽しみの一つである。中には駅弁が食べたくて、列車の旅に出る人もいるらしい。そうした駅弁の魅力とはいったい何なのだろうか。

まず、駅弁について語る上で重要なのは、日本独特の食文化である「弁当」の歴史である。日本人は古くから弁当を好んだ。その理由として、日本人はどんなおかずにも合う「白いご飯」を食べる習慣があり、その上、日本の米は冷めてもおいしく食べられることがあげられる。

現代のような「弁当」は安土桃山時代に登場し、「弁当」という言葉もこの頃から使われ始めたようである。だが、当時は身分の高い人が旅行や遊びに出かける時に、きれいな器に入れて持って行ったと言われており、庶民には手の届かないものであった。一般の人々がお弁当に親しむようになったのは、江戸時代になってからである。その頃流行った歌舞伎や芝居は、朝から晩まで続いた。そのため、幕間（休憩時間）に食べる弁当が必要になり、ひざの上でも食べられるように、小さなおにぎりとおかずを箱に入れた「幕の内弁当」ができた。一食分をまとめて美しく箱につめるという後の駅弁の形が、このようにして生まれたわけである。

その後、明治時代になって、鉄道が日本中に広がっていき、長い旅行の時には列車の中で食事をする必要があった。そこで誕生したのが「駅弁」である。現在、駅弁は全国に約3,000種類あると言われ、「普通弁当 (幕の内弁当、すしなど)」のほか、各地の名産品を使った「特殊弁当」がある。特殊弁当に用いられる材料とその色は地方によって特色があるそうだ。例えば、北海道や本州の日本海側は、サケを始めとして、マス、カニなどの赤い色の魚介類を用いた駅弁が多い。一方、太平洋側はサバ、サンマといった青い魚の駅弁が多く、また、山が多い地方は山菜や木の実といった緑・黄色の駅弁が多いと言える。

◆ 読み物【本文】

駅弁：「玉手箱」の魅力

今日、四月十日は「駅弁の日」である。それは、「4」と「十」を合わせると「弁」の字に見えるからだそうだ。窓の外の景色を見ながら列車の中でその地方の駅弁を食べることは、日本人にとって旅の大きな楽しみの一つである。中には駅弁が食べたくて、列車の旅に出る人もいるらしい。そうした駅弁の魅力とはいったい何なのだろうか。

まず、駅弁について語る上で重要なのは、日本独特の食文化である「弁当」の歴史である。日本人は古くから弁当を好んだ。その理由として、日本人はどんなおかずにも合う「白いご飯」を食べる習慣があり、その上、日本の米は冷めてもおいしく食べられることがあげられる。

現代のような「弁当」は安土桃山時代に登場し、「弁当」という言葉もこの頃から使われ始めたようである。だが、当時は身分の高い人が旅行や遊びに出かける時に、きれいな器に入れて持って行ったと言われており、庶民には手の届かないものであった。一般の人々がお弁当に親しむようになったのは、江戸時代になってからである。その頃流行った歌舞伎や芝居は、朝から晩まで続いた。そのため、幕間（休憩時間）に食べる弁当が必要になり、ひざの上でも食べられるように、小さなおにぎりとおかずを箱に入れた「幕の内弁当」ができた。一食分をまとめて美しく箱につめるという後の駅弁の形が、このようにして生まれたわけである。

その後、明治時代になって、鉄道が日本中に広がっていき、長い旅行の時には列車の中で食事をする必要があった。そこで誕生したのが「駅弁」である。現在、駅弁は全国に約3,000種類あると言われ、「普通弁当（幕の内弁当、すしなど）」のほか、各地の名産品を使った「特殊弁当」がある。特殊弁当に用いられる材料とその色は地方によって特色があるそうだ。例えば、北海道や本州の日本海側は、サケを始めとして、マス、カニなどの赤い色の魚介類を用いた駅弁が多い。一方、太平洋側はサバ、サンマといった青い魚の駅弁が多く、また、山が多い地方は山菜や木の実といった緑・黄色の駅弁が多いと言える。

駅弁の中には、味だけでなく、その入れ物も楽しめる物もある。例えば、「だるま市(いち)」で有名な高崎(たかさき)駅で売られている「だるま弁当」は、だるまの形の入れ物に入っている。また、新神戸(しんこうべ)駅の「ひっぱりだこ飯」の器は蛸壺(たこつぼ)の形をしている。旅先(たびさき)ではこうした入れ物は荷物になりがちだが、独特の形をした器は捨てがたく、むしろ、旅の思い出として持ち帰る人が多い。

高崎(たかさき)駅・だるま弁当
©高崎弁当株式会社

かつて、列車が駅に着くと、乗客は窓を開けて、ホームで待っていたお弁当屋さんから駅弁を買ったものだ。しかし、時代とともに新幹線(しんかんせん)や特急(とっきゅう)列車など窓の開かない電車が増えたため、窓から駅弁を買う楽しみはなくなった。そして現在、私たちは飛行機や車で旅行することが多くなり、最近では、空港で買ってターミナルや飛行機の中で食べる「空弁(そらべん)」や、高速道路のサービスエリアで売られる「速弁(はやべん)」なども登場してきた。

新神戸(しんこうべ)駅・ひっぱりだこ飯(めし)
©（株）淡路屋

また、この頃は、駅弁はデパートやスーパーなどで行われる「駅弁フェア」でも買えるようになってきている。おかげで、今では日本中の駅弁が旅行しなくても食べられるようになった。しかし、駅弁は駅で買い、旅をしながら食べるからこそおいしいのである。旅先(たびさき)でワクワクしながらふたを開けるからこそ、駅弁の楽しみが増すのである。

駅弁はその地方の食文化を教えてくれる「玉手箱(たまてばこ)」だと言った人がいる。そうした玉手箱の魅力は言葉では伝えきれない。「百聞(ひゃくぶん)は一見(いっけん)にしかず」ということわざがある。実際に旅に出て、列車の窓から外の景色をながめながら、その土地(とち)その土地の駅弁を自分の舌で味わってみようではないか。その時にこそ、駅弁の本当の魅力を発見するにちがいない。

駅弁の中には、味だけでなく、その入れ物も楽しめる物もある。例えば、「だるま市」で有名な高崎駅で売られている「だるま弁当」は、だるまの形の入れ物に入っている。また、新神戸駅の「ひっぱりだこ飯」の器は蛸壺の形をしている。旅先ではこうした入れ物は荷物になりがちだが、独特の形をした器は捨てがたく、むしろ、旅の思い出として持ち帰る人が多い。

高崎駅・だるま弁当
©高崎弁当株式会社

かつて、列車が駅に着くと、乗客は窓を開けて、ホームで待っていたお弁当屋さんから駅弁を買ったものだ。しかし、時代とともに新幹線や特急列車など窓の開かない電車が増えたため、窓から駅弁を買う楽しみはなくなった。そして現在、私たちは飛行機や車で旅行することが多くなり、最近では、空港で買ってターミナルや飛行機の中で食べる「空弁」や、高速道路のサービスエリアで売られる「速弁」なども登場してきた。

新神戸駅・ひっぱりだこ飯
©（株）淡路屋

また、この頃は、駅弁はデパートやスーパーなどで行われる「駅弁フェア」でも買えるようになってきている。おかげで、今では日本中の駅弁が旅行しなくても食べられるようになった。しかし、駅弁は駅で買い、旅をしながら食べるからこそおいしいのである。旅先でワクワクしながらふたを開けるからこそ、駅弁の楽しみが増すのである。

駅弁はその地方の食文化を教えてくれる「玉手箱」だと言った人がいる。そうした玉手箱の魅力は言葉では伝えきれない。「百聞は一見にしかず」ということわざがある。実際に旅に出て、列車の窓から外の景色をながめながら、その土地その土地の駅弁を自分の舌で味わってみようではないか。その時にこそ、駅弁の本当の魅力を発見するにちがいない。

【内容質問】

A.

1. あなたの国にも駅弁の日のような（国の祝日にはなっていない）おもしろい記念日（きねんび）や特別な日がありますか。

　＊記念日（きねんび）= an anniversary; a special celebration day

2. 日本人が昔から弁当を好んだ理由の一つは何ですか。

3. 駅弁が誕生した理由は何ですか。

4. あなたはどの色の特殊弁当が食べてみたいと思いますか。それはどうしてですか。

5. 「空弁（そらべん）」と「速弁（はやべん）」というのは、それぞれどんな弁当ですか。

6. 筆者（ひっしゃ）は、駅弁を楽しむのに欠かせないことは何だと言っていますか。

7. 49行目の「駅弁はその地方の食文化を教えてくれる」というのはどういう意味だと思いますか。

8. 「百聞（ひゃくぶん）は一見（いっけん）にしかず」ということわざの意味を、日本語で説明しなさい。

B.

1. 4行目の「そうした駅弁の魅力」というのはどういう魅力ですか。

2. 24行目の「魚介類（ぎょかいるい）を用いた駅弁」の「駅弁」の修飾（しゅうしょく）部分（ぶぶん）はどこから始まりますか。最初の一語を書きなさい。

3. 52行目の「その時にこそ」の「その時」とはいつのことですか。

【語彙リスト】

▲意味がわかればいい言葉

行		語彙	読み	意味
		食文化	しょくぶんか	food culture
		駅弁	えきべん	a boxed lunch (sold at train stations or on trains)
	▲	玉手箱	たまてばこ	the precious box given to Urashima by the Princess of the Sea (from the old Japanese story of Urashima Taro)
1		合わせる	あわせる	to put together (Vt/-ru) 例：「女」と「子」を合わせると「好」になる
2		景色	けしき	a view
		列車	れっしゃ	a train
3		旅	たび	a trip
4		いったい	いったい	(what, who, etc.) on earth; in the world
6		語る	かたる	to tell; to talk (Vt/-u) 例：人生を語る
		～上で	～うえで	when; in order to
		重要（な）	じゅうよう（な）	important
		弁当	べんとう	a boxed lunch
7		古くから	ふるくから	since a long time ago
		好む	このむ	to like (Vt/-u) 例：日本食を好む
		理由	りゆう	a reason
8	▲	おかず	おかず	a side dish
		冷める	さめる	to get cold (Vi/-ru) 例：スープが冷める
9		（例を）あげる	（れいを）あげる	to give (an example) (Vt/-ru) 例：いい例をあげる
10		現代	げんだい	the present day; today
	▲	安土桃山時代	あづちももやまじだい	the Azuchi-Momoyama period (1568–1603)
		登場する	とうじょうする	to appear; to make an appearance (Vi/irr) 例：この映画には犬が登場する
11		当時	とうじ	in those days

12		器	うつわ	a container
	▲	庶民	しょみん	the ordinary people
		手の届かない	てのとどかない	be out of *one's* reach
13		親しむ	したしむ	to become familiar with (Vi/-u) 例：自然に親しむ
		江戸時代	えどじだい	the Edo period (1603–1867)
14		流行る	はやる	to become popular (Vi/-u) 例：日本の歌が流行る
		芝居	しばい	a play
15	▲	幕間	まくあい	an intermission
	▲	休憩時間	きゅうけいじかん	a break time; a recess
		ひざ	ひざ	*one's* lap
16		おにぎり	おにぎり	a rice ball
	▲	幕の内弁当	まくのうちべんとう	a boxed lunch containing rice and various kinds of fish, meat, and vegetables
	▲	一食分	いっしょくぶん	one meal
		まとめる	まとめる	to gather together (Vt/-ru) 例：荷物をまとめる
17		つめる	つめる	to pack [a box] with (Vt/-ru) 例：かばんに本をつめる
		後の～	のちの～	future ~
19		その後	そのご	after that
		明治時代	めいじじだい	the Meiji period (1868–1912)
	▲	鉄道	てつどう	a railroad
20		誕生する	たんじょうする	to be born (Vi/irr) 例：新しい会社が誕生する
21		種類	しゅるい	a type
		普通	ふつう	regular
22		各地	かくち	each place
	▲	名産品	めいさんひん	a special product that is a trademark of the region
		特殊（な）	とくしゅ（な）	special
		用いる	もちいる	to use (Vt/-ru) 例：インターネットを用いる

		材料	ざいりょう	an ingredient
23		特色	とくしょく	a characteristic; a feature
24	▲	サケ	サケ	a salmon
	▲	マス	マス	a trout
	▲	カニ	カニ	a crab
	▲	魚介類	ぎょかいるい	seafood
25	▲	サバ	サバ	a mackerel
	▲	サンマ	サンマ	a Pacific saury
26	▲	山菜	さんさい	edible wild plants
	▲	木の実	きのみ	nuts
27		入れ物	いれもの	a container
28	▲	だるま市	だるまいち	the Daruma Market
31	▲	蛸壺	たこつぼ	an octopus pot [trap]
	▲	旅先	たびさき	during *one's* trip
32		荷物になる	にもつになる	to weigh *one* down (Vi/-u) 例：大きなおみやげは荷物になる
33		捨てがたい	すてがたい	hard to throw away
35	▲	かつて	かつて	at one time; formerly
		乗客	じょうきゃく	a passenger
36		ホーム	ホーム	a platform
	▲	お弁当屋さん	おべんとうやさん	a person who sells boxed lunches
38	▲	特急列車	とっきゅうれっしゃ	a limited express train
41		ターミナル	ターミナル	a terminal
42		高速道路	こうそくどうろ	a freeway
	▲	サービスエリア	サービスエリア	a rest area alongside the highway
44	▲	フェア	フェア	a fair
46		からこそ	からこそ	especially because
47		ワクワクする	ワクワクする	to be excited (Vi/irr) 例：ワクワクしながらプレゼントを開けた
		ふた	ふた	a lid
48		増す	ます	to increase (Vi/-u) 例：楽しみが増す

50	▲	百聞は一見にしかず	ひゃくぶんはいっけんにしかず	Seeing is believing.
		ことわざ	ことわざ	a proverb
51		実際に	じっさいに	actually
		ながめる	ながめる	to look at (Vt/-ru) 例：景色をながめる
	▲	土地	とち	a region; a locality
52		舌	した	a tongue
		味わう	あじわう	to taste (Vt/-u) 例：ワインを味わう
		～こそ	～こそ	very; just; indeed
53		発見する	はっけんする	to discover (Vt/irr) 例：島を発見する

【漢字リスト】

窓　列　独　歴　史　遊　器　届　般　箱
形　種　類　材　側　緑　黄　捨　増　飛
機　港　速

新しい漢字を使った言葉

窓	まど
列車	れっしゃ
独特	どくとく
歴史	れきし
遊び	あそび
器	うつわ
手の**届**かない	てのとどかない
一**般**の	いっぱんの
箱	はこ
形	かたち
種類	しゅるい

材料	ざいりょう
～**側**	～がわ
緑	みどり
黄色	きいろ
捨てる	すてる
増える	ふえる
増す	ます
飛行**機**	ひこうき
空**港**	くうこう
速い	はやい
高**速**道路	こうそくどうろ

【文法ノート】

I Noun + として "as ~; in the capacity of ~"

- その理由<u>として</u>、……日本の米は冷めてもおいしく食べられることがあげられる。
(As one of the reasons, it could be pointed out that... Japanese rice tastes delicious even when it gets cold.)

1. 父は若い頃、英語の教師(きょうし)として日本の高校で働いたことがある。
2. このソファーは、ベッドとしても使えるので便利ですよ。
3. それは、話し言葉としてはよく使われますが、書き言葉としてはあまり適切(てきせつ)ではありませんね。
4. 別れた彼女と、今でも友達として時々会っている。
5. 彼は、______________も______________も大変有名だ。
6. 将来(しょうらい)、____________________、____________________に行ってみたい。

II Noun + を始め(として) "starting with ~"

- サケ<u>を始めとして</u>、マス、カニなどの赤い色の魚介類(ぎょかいるい)を用いた駅弁が多い。
(Starting with salmon, many *ekiben* include a variety of red-fleshed fish, such as trout and crab.)

1. ニューヨークには自由(じゆう)の女神(めがみ)(the Statue of Liberty)を始め、メトロポリタン美術館(びじゅつかん)やブロードウェイなどの有名な所がたくさんある。
2. 日本には耳の日（3月3日）を始め、花の日（8月7日）、肉の日（2月9日）といったいろいろなおもしろい記念日(きねんび)(special celebration days)がある。
3. 今学期は、日本語を始め、歴史や経済(けいざい)など五つのクラスを取っている。
4. 高校の時、ヘミングウェイを始め、サリンジャーやスタインベックなどのアメリカの作家の本をよく読んだ。
5. 私の町には、____おもしろいところがたくさんある。
6. 日本は、____輸出(ゆしゅつ)している。

III V stem + がち "tend to ; be prone to ~"

- 旅先(たびさき)ではこうした入れ物は荷物になりがちだが、……
  (While traveling, this type of container tends to create more luggage, but . . .)

1. 鈴木(すずき)さんは、最近クラスを休みがちだ。
2. 新しいことを始める時は、だれでも心配になりがちです。
3. 彼は、若い頃はいつも自分が正しいと考えがちだったそうだ。
4. 日本人がしがちな英語の間違いには、どんなものがあると思いますか。
5. 田中さんは、朝なかなか起きられず、会社に＿＿＿＿＿＿＿＿で、よく部長にしかられている。
6. 父は年を取って、この頃大切なことを＿＿＿＿＿＿＿＿＿＿だ。

IV Vた + ものだ "used to ~"

- お弁当屋さんから駅弁を買ったものだ。
  (We used to buy *ekiben* from the bento vendor.)

1. 若い頃は、毎日泳いだものです。
2. 小学校の時、宿題を忘れてよく先生にしかられたものだ。
3. 弟は、小さい時に女の子とよく遊んだものだ。
4. 日本にいた時は、ホストファミリーと一緒に毎週のようにドライブに連れて行ってもらったものです。
5. 昔はひまがあれば、＿＿＿＿＿＿＿＿＿ものですが……。
6. 最近の子供はあまり＿＿＿＿＿＿＿＿＿ねえ。私が子供の頃は＿＿＿＿＿＿＿＿＿＿ものですけどねえ。

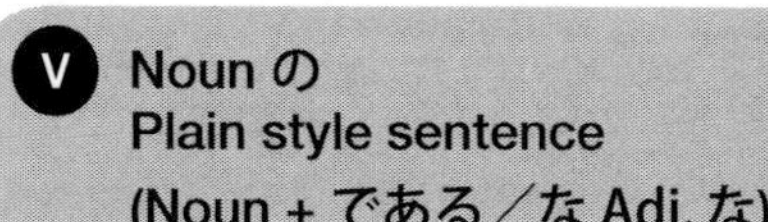

V Noun の / Plain style sentence / (Noun + である／な Adj. な) } + おかげで “thanks to ~; as a result ~”

おかげで can also be used at the beginning of a sentence.

- 「駅弁フェア」でも買えるようになってきている。<u>おかげで</u>、今では日本中の駅弁が旅行しなくても食べられるようになった。
(We can buy them at “*ekiben* fairs.” Thanks to “*ekiben* fairs,” we can now enjoy *ekiben* from all over Japan without having to actually take a trip.)

1. クラスメートが手伝ってくれたおかげで、いいレポートが書けた。
2. 先生が推薦状（すいせんじょう）を書いてくださったおかげで、留学できることになりました。
3. 田中さんのおかげで、安い飛行機の切符を買うことができた。
4. この辺は駅から近くて便利だ。おかげで、朝早く起きなくてもよくて助（たす）かる。
5. ＿＿＿＿＿＿＿＿＿＿＿＿＿。おかげで、新しいのを買わなくてもよかった。
6. ＿＿＿＿＿＿＿＿＿＿＿＿＿おかげで、すぐかぜが治（なお）った。

Note: There are instances where おかげで, meant in a positive manner, is used to demonstrate a negative meaning. In this instance, the nuance of the irony and criticism is strengthened by using おかげで and the speaker’s negative feeling is relayed more strongly.

（例） 田中君、君のおかげで部長にしかられてしまったよ。

VI V stem + きれない "cannot ~ entirely"

- そうした玉手箱(たまてばこ)の魅力は言葉では伝えきれない。
  (It is impossible to relay the charm of the bento *tamatebako* entirely with words.)

1. アメリカのレストランの食べ物は量(りょう) (an amount)が多くて、たいてい食べきれません。
2. 弟はクリスマスが待ちきれなくて、プレゼントを開けてしまった。
3. あの人は使いきれないほどお金を持っているそうだ。
4. 空には、数(かぞ)えきれないぐらいの星(ほし)が光っていた。
5. この課(か)の漢字は多すぎて、一週間では________________________。
6. 図書館で借りた本を休み中に読んでしまうつもりだったが、__________。

VII Plain style sentence + にちがいない "there is no doubt ~; must ~" (だ is dropped.)

- 駅弁の本当の魅力を発見するにちがいない。
  (There is no doubt that you will discover the true charm of the *ekiben*.)

1. このケーキを食べたのは、兄にちがいありません。
2. このレストランはとても有名だから、おいしいにちがいありません。
3. 財布(さいふ)をなくしてしまった。あの時に落(お)としたにちがいない。
4. 彼から全然返事が来ない。手紙が届かなかったにちがいない。
5. 二時間待っても彼女が来ない。電話もない。______________________。
6. トムさんは________________から、______________________。

◆ 話しましょう　あなたの国の料理

1. あなたの国では、食事の時にしてはいけないことがありますか。

2. ほかの国では、どんな食事のマナーがありますか。

3. あなたの国では、世代や時代によって食文化や食べ物の好(この)みにどんな違いがありますか。
＊好(この)み = preference

4. 日本には、「おふくろ（＝母親）の味」という表現があります。あなたは、「おふくろの味」というと、どんな料理を思(おも)い浮(う)かべますか。

5. あなたが日本にホームステイをしたら、ホストファミリーにどんな料理を作ってあげたいですか。作り方を説明してみましょう。

料理の言葉		
	煮(に)る	to stew; to simmer
	焼(や)く	to grill; to bake
	炒(いた)める	to stir-fry
	ゆでる	to boil
	蒸(む)す	to steam
	揚(あ)げる	to deep-fry
	まぜる	to mix

◆ 聞きましょう　デパ地下

今、日本に留学中のケビンさんは、週末にホストファミリーの両親と美術館(びじゅつかん)に行きました。その帰りの両親とケビンさんの会話を聞いて、質問に答えなさい。

質問

1.「デパ地下」というのは何ですか。

2.「デパ地下」では、おかずやお菓子(かし)、果物(くだもの)といった物以外に、どんな物が売られていますか。

3. お母さんによると、「試食(ししょく)」というのは何ですか。

4. お父さんは、「試食」はどうしていいと言っていますか。

5. お母さんは、どうして「デパ地下」は外国人にとっても、おもしろいと言っていますか。

◆ 読みましょう　箸(はし)のはなし

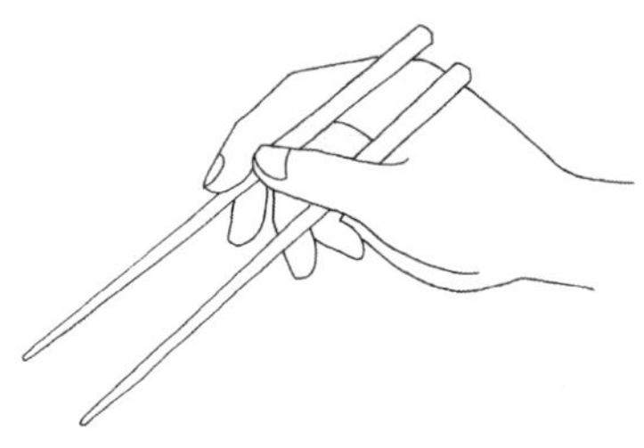

言葉				
	食器(しょっき)	tableware	枝(えだ)	a branch; a twig
	こだわり	be particular about something	折(お)る	to break
	作法(さほう)	manners; etiquette	魂(たましい)が宿(やど)る	the soul of a person dwells
	お骨拾(こつひろ)い	the act of picking up and collecting the bones of a deceased person after their cremation		

日本の食シリーズ　第三回　「箸(はし)のはなし」

私たちが毎日使っている箸(はし)ですが、「お父さんの箸」、「お母さんの箸」、「私の箸」と言うように、たいていそれぞれが自分の箸を持っています。箸には他の食器(しょっき)よりこだわりがあるようです。実際、箸を売っている店に行くと、いろいろな色や形の箸があり、その材料もさまざまです。また、箸の持ち方や作法(さほう)についてのタブーもいろいろあり、子供の頃からうちで箸の使い方を教えられます。今回は、私たちにとって身近で、特別なものである箸についてのお話です。

箸に関してはおもしろい話がいろいろあります。例えば、昔、人々は山に行った時、木の枝(えだ)を箸にしてお弁当を食べました。そして、その後は必ず折(お)ってから捨てていたそうです。なぜなら、一度でも使うと箸にその人の魂(たましい)が宿(やど)ると考えられていて、その箸を折れば魂が自分のところに戻ってくると信じられていたためです。

次に、箸の作法についてお話ししましょう。箸の作法はいろいろありますが、中には仏教的な意味を持つものもあります。たとえば、絶対(ぜったい)にご飯にお箸を立ててはいけないと言われています。それは箸を立てたご飯は、亡くなった人にあげるものであり、周りの人に死を思わせるからです。また、食べ物を箸から箸に渡すのも、お骨拾いの時のやり方と同じなので、いやがられます。

箸は私たちの生活には欠かせないものです。食生活が変わっても、箸に対するこだわりはなくなることはないでしょう。毎日使うものなので、これからも大切に使っていきたいものですね。

質問

1. 昔、人々が木の枝の箸を折ってから捨てたのは、なぜですか。

2. 箸の作法で、してはいけないことを二つあげなさい。その理由を書きなさい。

3. あなたのうちには、「私の○○」といった食器がありますか。

◆ 書きましょう　レストランガイド

来月、日本の文東（ぶんとう）大学の学生グループがあなたの大学に文化交流のためにやって来ます。あなたは、学生のためにレストランガイドを書くことになりました。

1. あなたが教えてあげたい店を選んで、まず下の表にアイディアを書いてみましょう。

店の名前	
場所	
料理の種類	
インテリア	
あなたの好きな料理の味や値段（ねだん）	
サービス	

2. 上の表のアイディアを使って、レストランガイドを書きましょう。（「です・ます体」で400字ぐらい）

第7課　食文化

◆ 楽しみましょう　卵焼きの作り方

幕の内弁当にはいろいろな物が入っていますが、必ず入っている物が三つあります。

かまぼこ、魚の照り焼き（または焼き魚）、そして卵焼きです。

今日は、その中でも子供に特に人気のある卵焼きにチャレンジしてみましょう。

<u>材料</u>

卵　3個　　　さとう　大さじ　1　　　しょうゆ 小さじ　1

だし汁 (*dashi* soup stock (liquid)) 50cc

＊だしの素 (*dashi* soup stock powder) を使うと簡単

<u>作り方</u>

1. ボールに卵を割って入れ、はしでまぜる。
2. 卵にだし汁、さとう、しょうゆを加え、軽くまぜる。
3. フライパンに油 (oil) を入れ、熱くする。（上手に作るコツ：熱くしすぎない！）
4. 2をフライパンに全部入れる。

5. 火を弱くし、周りが少し焼けたら、はしで軽くまぜ、半熟 (half-raw) になるまで待つ。
6. 半熟になったら、向こう側から手前に向けて、卵を巻く (to roll, as in the picture)。

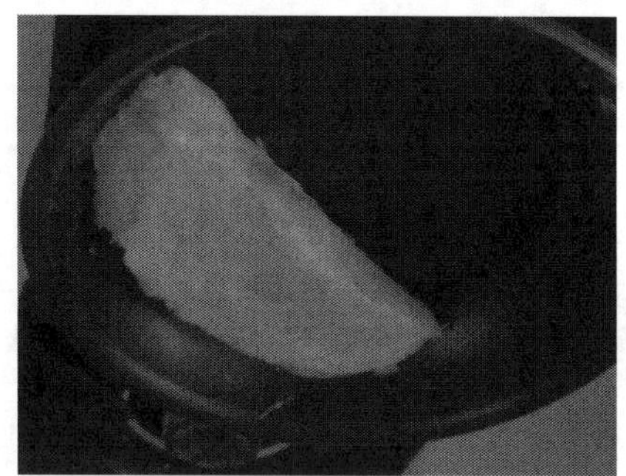

7. 巻きす (*makisu*, a special wrapping tool made of bamboo) で巻いて、形をきれいにする。

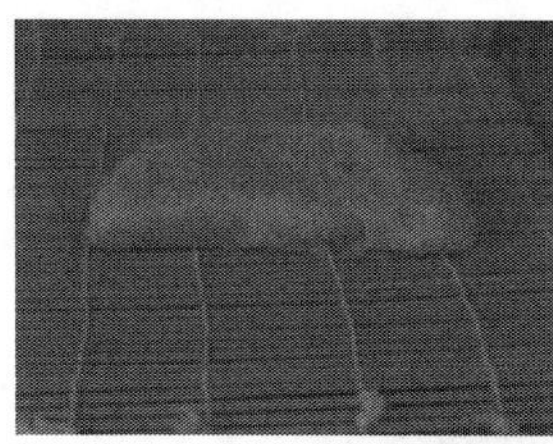

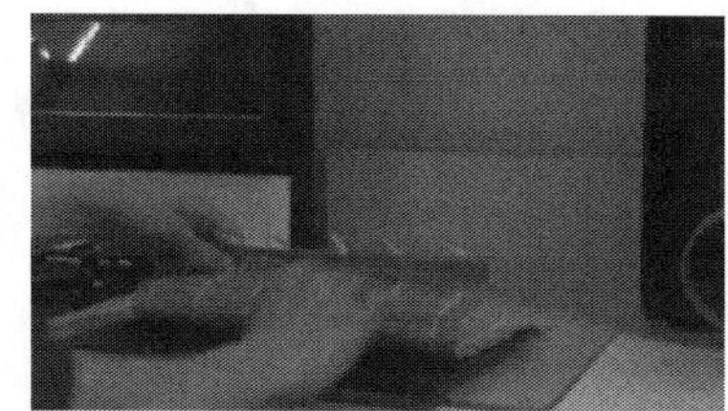

さあ、上手にできましたか。おいしいかどうか食べてみましょう。

第八課

歴史

◆ 初めに・・・話し合ってみましょう
◆ 読み物「幕末(ばくまつ)・維新(いしん)の志士(しし)：坂本龍馬(さかもとりょうま)」
【本文】
【内容質問】
【語彙リスト】
【漢字リスト】
【文法ノート】
◆ 話しましょう　世界の明言(めいげん)・格言(かくげん)
◆ 聞きましょう　明治時代の始まり
◆ 読みましょう　龍馬(りょうま)と海舟(かいしゅう)の出会い
◆ 書きましょう　私の好きな歴史上(じょう)の人物(じんぶつ)
◆ 楽しみましょう　マンガで歴史を読む

◆ 初めに・・・話し合ってみましょう

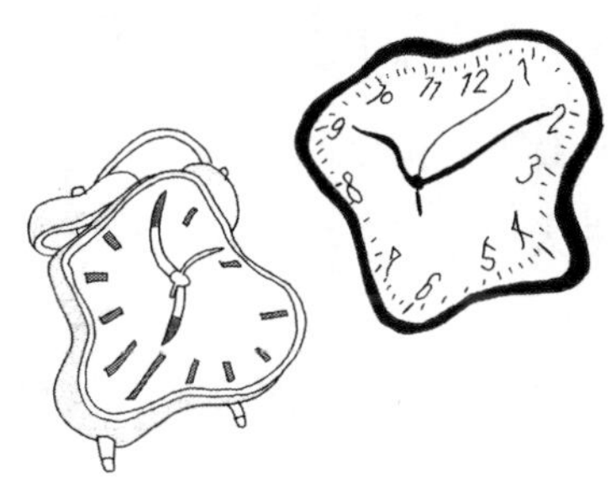

1. タイムマシーンがあったら、あなたはどこの、どの時代に行ってみたいと思いますか。それはなぜですか。

2. あなたが会ってみたい歴史上(じょう)の人物(じんぶつ)はだれですか。それはなぜですか。

 ＊歴史上(じょう)の人物(じんぶつ) = a historical figure

3. あなたの国で、映画や小説によく取(と)り上(あ)げられる時代はいつですか。

 ＊取(と)り上(あ)げられる = to be adopted

4. 日本の江戸時代（1603年～1867年）の終わり頃、あなたの国ではどんな出来事(できごと)がありましたか。

 ＊出来事(できごと) = an event; an incident

◆ 読み物 【本文】

幕末・維新の志士：坂本龍馬

坂本龍馬(1835～1867)
©高知県立坂本龍馬記念館

長い日本の歴史の中で、幕末から明治時代が始まるまでの15年間ほど、日本を大きく変えた時期はないだろう。それは約260年続いた徳川幕府が終わり日本の近代化が始まりつつある時期であった。新しい日本を築くため、多くの志士たちが風のようにかけぬけていった。その一人が坂本龍馬である。世界の中の日本という広い視野を持って国の将来を考えたという点で、龍馬は日本の歴史の中で最も重要な人物の一人だと言えるだろう。

龍馬は、1835年11月15日、土佐藩の郷士(武士と町人・農民の間の身分)の次男として生まれた。小さい頃は泣き虫で、学問が苦手だったという。しかし、剣術が好きで、子供の頃から練習にはげんだ。そして、17歳の時、江戸に行ってさらに腕をみがいた。

黒船を見る一般の人々
「黒船来航風俗絵巻」の場面１４
©埼玉県立歴史と民族の博物館

龍馬が江戸にいた1853年、アメリカから黒船がやってきて開国をせまり、国中が大さわぎになった。この頃、徳川幕府では国を治めることはできないと考える人々が増えつつあった。龍馬もその一人であり、国を何とかしなければと考えていた。そして、自由のない藩に属していては思い通りに行動できないと考えた龍馬は、土佐藩を脱藩することにした。

勝海舟(1823～1899)
©高知県立坂本龍馬記念館

その後26歳の時、龍馬は江戸で彼の人生に最も影響を与える人物に出会った。勝海舟である。海舟は新しい時代を担う若者を育てたばかりでなく、日本の近代化のために努力した幕府の役人だった。海舟は

◆ 読み物【本文】

幕末・維新の志士：坂本龍馬

長い日本の歴史の中で、幕末から明治時代が始まるまでの15年間ほど、日本を大きく変えた時期はないだろう。それは約260年続いた徳川幕府が終わり日本の近代化が始まりつつある時期であった。新しい日本を築くため、多くの志士たちが風のようにかけぬけていった。その一人が坂本龍馬である。世界の中の日本という広い視野を持って国の将来を考えたという点で、龍馬は日本の歴史の中で最も重要な人物の一人だと言えるだろう。

坂本龍馬(1835～1867)
©高知県立坂本龍馬記念館

龍馬は、1835年11月15日、土佐藩の郷士(武士と町人・農民の間の身分)の次男として生まれた。小さい頃は泣き虫で、学問が苦手だったという。しかし、剣術が好きで、子供の頃から練習にはげんだ。そして、17歳の時、江戸に行ってさらに腕をみがいた。

黒船を見る一般の人々
「黒船来航風俗絵巻」の場面１４
©埼玉県立歴史と民族の博物館

龍馬が江戸にいた1853年、アメリカから黒船がやってきて開国をせまり、国中が大さわぎになった。この頃、徳川幕府では国を治めることはできないと考える人々が増えつつあった。龍馬もその一人であり、国を何とかしなければと考えていた。そして、自由のない藩に属していては思い通りに行動できないと考えた龍馬は、土佐藩を脱藩することにした。

その後26歳の時、龍馬は江戸で彼の人生に最も影響を与える人物に出会った。勝海舟である。海舟は新しい時代を担う若者を育てたばかりでなく、日本の近代化のために努力した幕府の役人だった。海舟は

勝海舟(1823～1899)
©高知県立坂本龍馬記念館

海援隊 (1867年１月頃)

「外国の進んだ知識や技術を取り入れて、早く強い国にならなければいけない。幕府だとか、藩だとかではなくて、日本をどうするか考えなくてはだめだ」と語った。日本の将来を何とかしたいと考えていた龍馬はその話を聞いているうちに、これから自分が何をしなければならないか教えられたように思い、海舟がつくった航海術を学ぶ学校に入った。その後、龍馬は外国から武器や船を買う会社「亀山社中」をつくった。これは日本で初めての貿易会社であった。後に、「海援隊」と名前を変え、身分を問わず広い視野を持つ若者達を国中から集め、貿易会社としてだけではなく海軍としての活動も行った。

こうしているうちに、幕府の力はますます弱まり、武士たちの間で幕府を倒そうという動きが高まってきた。特に、薩摩藩と長州藩ではその動きが大きかったが、両藩は権力争いをしていた。龍馬は、幕府を倒すためには、この二つの藩が手を結ばなければならないと考え、努力した。そして、ついに薩長同盟が実現したのである。明治維新が成功したのは、この同盟があったからだと言われている。また、龍馬はこれからの日本が進むべき方向を八つの項目にまとめた。これは後の明治政府の基本的な方針になったものである。さらに、これ以上の争いを避けるため、天皇に政権を返すよう将軍にすすめた。

このように新しい政府をつくるために活躍した龍馬であったが、明治政府の役人になることは望んでいなかった。それよりも船に乗って、世界の海をかけめぐり、自由に活動してみたいという大きな夢をもっていたのである。しかし、この夢はとうとう実現することはなかった。1867年11月15日に暗殺されたのである。32歳であった。龍馬の死から約3週間後、徳川幕府が倒れ、新しい日本が誕生した。

世の人は我を何とも言わば言え
我がなすことは我のみぞ知る

龍馬が残した言葉である。

海援隊 (1867年１月頃)
©高知県立坂本龍馬記念館

「外国の進んだ知識や技術を取り入れて、早く強い国にならなければいけない。幕府だとか、藩だとかではなくて、日本をどうするか考えなくてはだめだ」と語った。日本の将来を何とかしたいと考えていた龍馬はその話を聞いているうちに、これから自分が何をしなければならないか教えられたように思い、海舟がつくった航海術を学ぶ学校に入った。その後、龍馬は外国から武器や船を買う会社「亀山社中」をつくった。これは日本で初めての貿易会社であった。後に、「海援隊」と名前を変え、身分を問わず広い視野を持つ若者達を国中から集め、貿易会社としてだけではなく海軍としての活動も行った。

こうしているうちに、幕府の力はますます弱まり、武士たちの間で幕府を倒そうという動きが高まってきた。特に、薩摩藩と長州藩ではその動きが大きかったが、両藩は権力争いをしていた。龍馬は、幕府を倒すためには、この二つの藩が手を結ばなければならないと考え、努力した。そして、ついに薩長同盟が実現したのである。明治維新が成功したのは、この同盟があったからだと言われている。また、龍馬はこれからの日本が進むべき方向を八つの項目にまとめた。これは後の明治政府の基本的な方針になったものである。さらに、これ以上の争いを避けるため、天皇に政権を返すよう将軍にすすめた。

このように新しい政府をつくるために活躍した龍馬であったが、明治政府の役人になることを望んでいなかった。それよりも船に乗って、世界の海をかけめぐり、自由に活動してみたいという大きな夢をもっていたのである。しかし、この夢はとうとう実現することはなかった。1867年11月15日に暗殺されたのである。32歳であった。龍馬の死から約3週間後、徳川幕府が倒れ、新しい日本が誕生した。

世の人は我を何とも言わば言え
我がなすことは我のみぞ知る

龍馬が残した言葉である。

【内容質問】

A.

1. 幕末から明治維新までの15年間はどのような時期でしたか。

2. 坂本龍馬が日本の歴史の中で最も重要な人物の一人だとみなされている理由は何ですか。

3. 龍馬はどのような子供でしたか。

4. 龍馬に最も影響を与えた勝海舟とはどのような人物ですか。

5. 「海援隊」というのは何ですか。それはだれによって作られましたか。

6. 「薩長同盟」というのはどのような同盟ですか。

7. 龍馬の大きな夢は何でしたか。

8. 龍馬が残した言葉から、彼のどのような性格を知ることができますか。

*性格 = personality

B.

1. 6行目の「その一人が坂本龍馬である」の「その」は何を指しますか。

2. 34行目の「その話を聞いているうちに」の「その話」とはどんな話ですか。

3. 50行目の「それよりも」の「それ」は何を指しますか。

【語彙リスト】

▲ 意味がわかればいい言葉

行		語彙	読み	意味
	▲	幕末	ばくまつ	in the last days of the Tokugawa shogunate
	▲	維新	いしん	= 明治維新 the Meiji Restoration
	▲	志士	しし	the loyalists in the last days of the Tokugawa shogunate
3	▲	徳川幕府	とくがわばくふ	the Tokugawa shogunate
4		近代化	きんだいか	modernization
5		築く	きずく	to build (Vt/-u) 例：よい関係を築く
		かけぬける	かけぬける	to run through (Vi/-ru) 例：道をかけぬける
7	▲	視野	しや	the range of vision
8		人物	じんぶつ	a person
10	▲	藩	はん	a clan
		武士	ぶし	a *samurai*
11	▲	町人	ちょうにん	a merchant and/or a craftsman
	▲	農民	のうみん	a farmer
	▲	次男	じなん	*one's* second son
12		泣き虫	なきむし	a crybaby
		学問	がくもん	learning; study
		苦手（な）	にがて（な）	be poor at
	▲	剣術	けんじゅつ	swordsmanship
13		はげむ	はげむ	to work hard; to strive (Vi/-u) 例：研究にはげむ
		江戸	えど	Edo, the capital of Japan during the Tokugawa period
	▲	（腕を）みがく	（うでを）みがく	to improve *one's* skill (Vt/-u) 例：料理の腕をみがく
15	▲	黒船	くろふね	the Black Ships, Western ships that came to Japan at the end of the Edo period

		開国	かいこく	opening a country to foreign trade and diplomatic relations
	▲	せまる	せまる	to press; to urge (Vt/-u) 例：日本に開国をせまる
		大さわぎ	おおさわぎ	a great uproar
16		治める	おさめる	to rule; to govern (Vt/-ru) 例：国を治める
19		何とかする	なんとかする	to do something about (Vt/irr) 例：ゴミの問題を何とかする
21		自由	じゆう	freedom
22		属する	ぞくする	to belong to (Vi/-u) 例：クラブに属している
		思い通りに	おもいどおりに	just as *one* wanted
		行動する	こうどうする	to act; to behave (Vi/irr) 例：よく考えて行動する
23	▲	脱藩	だっぱん	leaving a clan
26	▲	担う	になう	to become leaders (Vt/-u) 例：次の時代を担う
		若者	わかもの	young people
27	▲	役人	やくにん	a government official
28		進んだ～	すすんだ～	advanced
		知識	ちしき	knowledge
		技術	ぎじゅつ	technology
37	▲	航海術	こうかいじゅつ	navigation
		武器	ぶき	arms; a weapon
38		貿易	ぼうえき	trade; export and import business
39		(～を) 問わず	(～を) とわず	regardless of
40		海軍	かいぐん	the navy
41		ますます	ますます	more and more
		弱まる	よわまる	to weaken (Vi/-u) 例：風が弱まる
		倒す	たおす	to overthrow (Vt/-u) 例：幕府を倒す
42		動き	うごき	a movement
		高まる	たかまる	to increase (Vi/-u) 例：人気が高まる

43		両～	りょう～	both ~
		権力争い	けんりょくあらそい	a struggle for power
44	▲	手を結ぶ	てをむすぶ	to join hands with (Vi/-u) 例：外国と手を結ぶ
		ついに	ついに	at last
	▲	同盟	どうめい	an alliance
		実現する	じつげんする	to realize (Vi/irr) 例：夢が実現する
46		方向	ほうこう	a direction
	▲	項目	こうもく	a clause; an item
47		政府	せいふ	the government
		基本的（な）	きほんてき（な）	fundamental
	▲	方針	ほうしん	a policy
		争い	あらそい	a conflict; a battle
48		避ける	さける	to avoid (Vt/-ru) 例：争いを避ける
		天皇	てんのう	an emperor
	▲	政権	せいけん	political power
	▲	将軍	しょうぐん	a shogun
		すすめる	すすめる	to advise *someone* to do (Vt/-ru) 例：学生に留学をすすめる
49		活躍する	かつやくする	to take an active part (Vi/irr) 例：オリンピックで活躍する
50		望む	のぞむ	to desire (Vt/-u) 例：結婚を望む
	▲	かけめぐる	かけめぐる	to travel around (Vi/-u) 例：世界をかけめぐる
52		暗殺する	あんさつする	to assassinate (Vt/irr) 例：1963年にケネディは暗殺された
53		倒れる	たおれる	to collapse (Vi/-ru) 例：幕府が倒れる
57		残す	のこす	to leave *something* behind (Vt/-u) 例：田中さんにメモを残す

【漢字リスト】

末　将　武　虫　歳　治　由　努　識　技
術　船　貿　易　軍　倒　権　争　成　功
政　基　望　夢　誕

新しい漢字を使った言葉

幕**末**	ばくまつ
将来	しょうらい
武士	ぶし
泣き**虫**	なきむし
～**歳**	～さい
治める	おさめる
自**由**	じゆう
努力	どりょく
知**識**	ちしき
技術	ぎじゅつ
船	ふね
貿易	ぼうえき
海**軍**	かいぐん
倒す	たおす
権力	けんりょく
争い	あらそい
成功	せいこう
政府	せいふ
基本的（な）	きほんてき（な）
望む	のぞむ
夢	ゆめ
誕生	たんじょう

【文法ノート】

I V dictionary + まで "until ~"

- 幕末(ばくまつ)から明治時代が始まるまでの15年間……
(The 15 years from the end of the Tokugawa shogunate rule until the beginning of the Meiji era . . .)

1. このケーキ、私が帰るまで食べないで待っていてね。
2. 子供の頃は、暗くなるまで外で遊んだものだ。
3. 試合が終わるまでは、あきらめてはいけない。
4. 辞書なしでマンガが読めるようになるまで、がんばって勉強しようと思っている。
5. ＿＿＿＿＿＿＿＿＿＿＿＿＿、テレビを見てはいけないと言われたものだ。
6. ＿＿＿＿＿＿＿＿＿＿＿＿＿、学生はずっと英語で話していた。

II Noun + ほど + Noun phrase + はない／いない "there is no other ~ as much as Noun"

- 幕末(ばくまつ)から明治時代が始まるまでの15年間ほど、日本を大きく変えた時期はないだろう。
(There are no other time periods which changed the course of Japanese history as much as those 15 years from the end of the Tokugawa shogunate rule until the beginning of the Meiji era.)

1. 田中さんほどまじめな人はいません。
2. ニューヨークほど、さまざまな人種(じんしゅ) (an ethnic group) の集まっている所はないと言われている。
3. サッカーほど、世界中の人々に愛されているスポーツはない。
4. 高校時代ほど、いっしょうけんめい勉強した時期はない。
5. 日本語ほど＿＿＿＿＿＿＿＿＿＿＿＿＿＿＿＿。
6. 犬ほど＿＿＿＿＿＿＿＿＿＿＿＿＿＿＿＿＿＿。

第8課 歴史

III V stem + つつある "is ~ ing"

V stem + つつある illustrates the process of a movement or action as it is happening. This is a formal expression, largely used in the literary or written form.

- 日本の近代化が始まりつつある時期であった。
  (It was a time when Japan's modernization was just beginning.)

1. 敬語の使い方は、変わりつつある。
2. 最近は、家事（かじ） (housework) や子供の世話をする夫（おっと）が増えつつある。
3. この頃は、日本の住宅から和室（わしつ）が消えつつあるそうだ。
4. 手紙を書く楽しさは忘れられつつある。
5. たばこを吸（す）う人の数（かず）が______________________________。
6. __________の値段（ねだん）は_____________________________。

IV Plain style sentence + という点で "in the respect that ~"

- 世界の中の日本という広い視野（しや）を持って国の将来を考えたという点で、……
  (In the respect that he thought about his country's future from the broad viewpoint of Japan's place in the world . . .)

1. 日本語は文字（もじ）が三種類あるという点で、めずらしい言語だと言える。
2. コンビニは、24時間いつでも開いているという点で、スーパーより便利である。
3. この辺は物価（ぶっか）が安いという点で、住みやすいと言えるだろう。
4. 北海道は梅雨（つゆ）がないという点で、日本の他の地域（ちいき）と異（こと）なっている。
5. 外国語の勉強は______________________________、大変重要だ。
6. 東京は____。

Noun の
い Adj. い
な Adj. な
V plain non-past } + うちに "while ~; while still ~"

The sentence structure containing うちに describes a scene in which some result expressed by Clause_2 occurs while the state or action of Clause_1 is continuing.

（例） 本を読んでいるうちに、 だんだん眠(ねむ)くなってきた。
Clause_1 Clause_2

- 龍馬(りょうま)はその話を聞いているうちに、これから自分が何をしなければならないか教えられたように思い、……
(While Ryoma was listening to that talk, he felt that he was being told what his role should be, and . . .)

1. 何回も会っているうちに、彼が好きになってきた。
2. 友達と話しているうちに、自分のやりたいことが分かってきた。

This structure also functions to express a sense of urgency that some action, described in Clause_2, should be carried out while the state or action of Clause_1 is still continuing.

（例） 祖母(そぼ)が元気なうちに、 一緒に旅行したいと思っている。
Clause_1 Clause_2

When this structure is used with a non-past negative form of a verb, as in "V ないうちに," it signifies "~ before something happens."

1. 学生のうちに、できるだけ勉強した方がいいですよ。
2. 熱いうちに食べてください。
3. 雨が降らないうちに帰りましょう。
4. 忘れないうちに、手帳(てちょう)に約束(やくそく)の時間を書いておこう。
5. この辺は、夜、危(あぶ)ないから、＿＿＿＿＿＿＿＿＿＿＿＿うちへ帰った方がいいよ。
6. ＿＿＿＿＿＿＿＿＿＿＿＿＿＿＿、飛行機の切符を買っておいた方がいいですね。

第8課 歴史

VI V dictionary + べきだ "should ~; ought to ~"

V dictionary + べきだ is a form used to illustrate the nuance of duty or an obvious/natural thing. The key feature of this pattern is that it expresses the way things should be according to society's rules and cultural expectations. As for the irregular verbする, both するべき and すべき are used.

- 龍馬(りょうま)はこれからの日本が進むべき方向を八つの項目(こうもく)にまとめた。
  (Ryoma summarized his vision for how Japan should proceed into the future in the form of eight principles.)

1. 悪いのは田中さんなんだから、田中さんがあやまるべきですよ。
2. 自分のことは、自分ですべきだ。
3. 子供にそんな悪い言葉を教えるべきではない。
4. これは、学生時代に読むべき本の一冊(さつ)ではないだろうか。
5. 人に借りた物は、ちゃんと____________________。
6. 約束(やくそく)の時間に遅れる時は、____________________。

◆ 話しましょう　世界の名言（めいげん）・格言（かくげん）

＊名言（めいげん）・格言（かくげん） = famous quotes

- 決してあきらめるな。決して、決して、決して（チャーチル）
- 決して時計を見るな、これは若い人に覚えてもらいたい（エジソン）
- 時（とき）は金（かね）なり（フランクリン）
- 私には夢がある（マーティン・ルーサー・キング）
- 我（わ）が辞書に不可能（ふかのう）という言葉はない（ナポレオン）
- 人は女に生まれない、女になるのだ（ボーボワール）

＊不可能（ふかのう） = impossible

1. 歴史上（じょう）の人物が言った上の有名な言葉には、どんなメッセージがあるか考えてみましょう。

2. それぞれの言葉はどういう状況（じょうきょう）で生まれてきたと思うか、話し合いましょう。

3. 上の言葉の中から自分の好きなものを選んで、その理由を話しましょう。

4. マーティン・ルーサー・キングは「私には夢がある」と言いましたが、あなたにはどんな夢がありますか。

5. ナポレオンは「我が辞書に不可能という言葉はない」と言ったと言われていますが、あなただったら、「不可能」の代わりに何と言いますか。「我が辞書に○○ という言葉はない」

◆ 聞きましょう　明治時代の始まり

言葉	たたみ	a *tatami* mat
	牛肉（ぎゅうにく）	beef
	なべ	a pot; a cauldron

「福沢先生若き日本に西洋文明を教ふ」
北沢楽天・画

質問

1. 明治時代になってから、日本ではどんな物が売られるようになりましたか。

2. その他に、この時代に使われるようになった物を三つ書きなさい。

3. それまでの日本では、どんな食べ物が一般的でしたか。

4. 肉料理を紹介（しょうかい）したのはどんな人々でしたか。

5. 星野（ほしの）先生によると、人々の食べ方はむしろ中国のスタイルに近かったそうですが、それはどんなスタイルですか。

◆ 読みましょう　龍馬(りょうま)と海舟(かいしゅう)の出会い

言葉				
	殺(ころ)す	to kill; to murder	領土(りょうど)	a territory
	警戒(けいかい)する	to be cautious of; to be on *one's* guard against *someone*	手をつく	to place *one's* hands on the ground
	ユーモラスに	humorously	弟子(でし)	an apprentice; a pupil

江戸時代の終わり、開国すべきではないと考える若者たちの間では、

「勝海舟(かつかいしゅう)は日本を外国人の言う通りにしようとしている。あんな男は、殺(ころ)してしまわなければだめだ」と言われていました。龍馬(りょうま)もそう考える若者の一人でした。

龍馬は、知り合いから海舟に会うようにすすめられた時、「これはいい機会だ。ぜひ会って、海舟の意見(いけん)が間違っていることを、よくわからせてやろう」と思いました。そして、「もし、海舟が考えを変えないなら、その時はすぐ殺してしまおう」と決めて、海舟の家へ出かけて行きました。

龍馬が訪れると、家の者が出てきて、すぐに海舟がいる居間(いま)へ連れて行ってくれました。初めて会った龍馬を目の前にしても、海舟は警戒(けいかい)する様子はまったくなく、世界の様子や日本の国内の動きを、くわしく、ユーモラスに話し始めました。

「世界は動いている。外国では、新しい科学(かがく)技術がどんどん進んでいる。また、外国人は海外に出ていき、その領土(りょうど)を増やそうとしている。それに対して、この日本は、今でも開国しようとさえしないのだ。おまえさん、開国に反対(はんたい)なんだろう？　だったら、ちょっと聞きたい。おまえさんたち、絶対(ぜったい)に日本に外国の力を入れてはいけないと言うけれども、いったい外国人たちが、どんな武器を持っているのか、自分で調べてみたことがあるのかね？」

龍馬は答えられませんでした。

海舟はそれを見て、大声で笑いました。

「おまえさんたちは、そんなことさえまだ調べていないんだろう。まず、彼らの乗ってきた黒船(くろふね)、あの日本中を驚かせた黒船を、日本で使っている船と比べてみたらいい。どちらの方がいいかは、子どもでもわかるはずだよ。」

海舟の言葉を聞いているうちに、

「本当にこの人の言う通りだ」

という想(おも)いが強くなってくるのを、どうすることもできませんでした。

龍馬は、海舟の前に手をつきました。そして、

「勝先生、よくわかりました。今すぐ私を、先生の弟子(でし)にしてください。まだ、わからないことは、これから勉強したいと思います」

と、頼んだのです。

質問

1. 龍馬(りょうま)は海舟(かいしゅう)に会いに行く前、海舟のことをどのように考えていましたか。

2. 龍馬は何のために海舟に会いに行くことにしましたか。

3. 海舟は外国と日本の違いは何だと言いましたか。

4. 海舟の前に手をつき、先生の弟子(でし)にしてくれと頼んだ時、龍馬はどんな気持ちだったと思いますか。

5. 海舟はどんな人物だと思いますか。（彼の考え方や性格(せいかく)など）

◆ 書きましょう　私の好きな歴史上の人物

あなたが一番好きな歴史上の人物について書きなさい。（「だ・である」体で400字ぐらい）次のようなことを入れて、書きなさい。

- どんな活躍をしたか。
- どうしてその人物が好きなのか。
- その人物はだれ・何にどんな影響を与えたか。
- もし、その人物がいなかったら、歴史はどう変わっていたと思うか。など

◆ 楽しみましょう　マンガで歴史を読む

日本の人気まんが『マンガ日本の歴史』を読んでみましょう。

坂本龍馬が土佐藩を脱藩する場面

オーディオ・ファイルを聞きながら、楽しみましょう。

＊後註参照　66

龍馬の姉乙女

どうしても行くのかね

龍さんは こんなとこで収る男じゃないと思ってたよ

ああ

それでね 実は…

ハァ

金だな?

うん

67

マンガ日本の歴史42〜倒幕、世直し、御一新（石ノ森章太郎・著、中央公論新社）66〜69ページ

漢字リスト

復習（10）	交換辞練洗	負勝符無違			
第一課（22）	皆祭参加的	集神過祖仏	最季節欠深	美訪際受関	係働
第二課（23）	敬難司面接	必要常例表	現身他点選	結婚葉席登	相頃供
第三課（24）	候温暖化実	約州島涼寒	冷場暑期続	宅取在比進	主公園然
第四課（20）	昔竹光連育	妻頼熱断伝	首悲泣配迎	許守囲様残	
第五課（22）	留授失敗初	緒顔礼質当	性非興経驚	乱暴解両士	調容
第六課（24）	愛亡詩豊認	貧苦信農役	情流幸求個	章得対球宇	宙静笑疲
第七課（23）	窓列独歴史	遊器届般箱	形種類材側	緑黄捨増飛	機港速
第八課（25）	末将武虫歳	治由努識技	術船貿易軍	倒権争成功	政基望夢誕

洗		練		辞		換		交	
セン あら(う)	洗	レン	練	ジ	辞	カン	換	コウ	交
洗う 洗濯	wash	練習	knead	辞書	term affix resign	交換	exchange convert	交通 交換	cross exchange

違		無		符		勝		負	
イ ちが(う)	違	ム・ブ な(い)	無	フ	符	ショウ か(つ)	勝	フ ま(ける)	負
違う	differ	無理 無い	no, non- dis-	切符	sign mark	勝つ	win victory excel	負ける	defeated negative

漢字	読み	例	意味
的	テキ	代表的（だいひょうてき）	target (suffix to make na-adj.)
加	カ、くわ(える)	参加（さんか）	festival
参	サン、まい(る)	参加（さんか）、参る（まいる）	participate go come
祭	まつ(り)	祭り（まつり）	festival
皆	みな	皆さん（みなさん）	all everybody

漢字	読み	例	意味
仏	ブツ	仏教（ぶっきょう）	Buddha
祖	ソ・ゾ	先祖（せんぞ）	ancestor
過	カ、す(ごす)、す(ぎる)	過ごす（すごす）	exceed pass
神	シン、ジン、かみ	神社（じんじゃ）	god spirit
集	シュウ、あつ(まる)、あつ(める)	集まる（あつまる）	collect

漢字練習シート

深	欠	節	季	最

シン	ふか(い)	深	ケツ	か(く)	欠	セツ	節	キ	季	サイ	もっと(も)	最
深い(ふかい)		deep	欠席(けっせき) 欠く(かく)		defect lack	季節(きせつ)	season	四季(しき)	season	最近(さいきん)		most

関	受	際	訪	美

カン	関	ジュ	う(ける)	受	サイ	際	ホウ	おとず(れる) たず(ねる)	訪	ビ	うつく(しい)	美
関係(かんけい)	barrier rebate	受ける(うける)		receive	国際的(こくさいてき)	occasion	訪れる(おとずれる)		visit	美しい(うつくしい)		beautiful

漢字練習シート

働	係
働 はたら(く) ドウ	係 かかり ケイ
働く（はたらく） 労働（ろうどう） work	関係（かんけい） connect in charge

接		面		司		難		敬	
セツ	接	メン おも	面	シ	司	ナン むずか(しい)	難	ケイ うやま(う)	敬
面接（めんせつ）	touch contact connect	面白い（おもしろい） 場面（ばめん）	face surface aspect	上司（じょうし）	administer conduct	難しい（むずかしい） 困難（こんなん）	difficult	敬う（うやまう） 敬語（けいご）	respect revere

表		例		常		要		必	
ヒョウ あらわ(す)	表	レイ たと(える)	例	ジョウ つね	常	ヨウ い(る)	要	ヒツ かなら(ず)	必
表す（あらわす） 表現（ひょうげん）	surface appear table	例えば（たとえば） 例文（れいぶん）	example	日常（にちじょう） 非常に（ひじょうに）	normal usual ordinary	要る（いる） 重要（じゅうよう）	main point necessary	必ず（かならず） 必要（ひつよう）	surely sure

漢字練習シート

選		点		他		身		現	
セン えら(ぶ)	選	テン	点	タ ほか	他	シン み	身	ゲン あらわ(す)	現
選ぶ 選手	select	点 視点	point score	その他に	other another	身分 身近	body self	現す 表現	appearance presence

登		席		葉		婚		結	
トウ のぼ(る)	登	セキ	席	ヨウ は	葉	コン	婚	ケツ むす(ぶ)	結
登る 登場	climb register	私の席 出席	seat	言葉 紅葉	leaf	結婚	wedding	結婚	connect conclude

漢字練習シート

供		頃		相	
キョウ とも	供	ごろ ころ	頃	ソウ あい	相
子供（こども）	offer accompany	子供の頃（こどものころ） この頃（このごろ）	at the time when	相手（あいて）	face-to-face minister

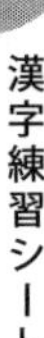

実		化		暖		温		候	
ジツ　み	実	カ	化	ダン　あたた(かい)	暖	オン　あたた(かい)	温	コウ	候
木の実(きのみ)　実は(じつは)	fruit real	文化(ぶんか)　国際化(こくさいか)	change -ization	暖かい(あたたかい)　温暖化(おんだんか)	warm (climate)	温かい(あたたかい)　気温(きおん)	warm (things)	気候(きこう)	season weather

寒		涼		島		州		約	
カン　さむ(い)	寒	すず(しい)	涼	トウ　しま	島	シュウ	州	ヤク	約
寒い(さむい)　寒暖(かんだん)	cold (climate)	涼しい(すずしい)	cool refresh -ing	大きな島(おおきなしま)　諸島(しょとう)	island	本州(ほんしゅう)　メイン州(しゅう)	state sandbar	約百年(やくひゃくねん)	promise appro- ximate

漢字練習シート

続		期		暑		場		冷	
つづ(く) つづ(ける) ゾク	続	キ	期	あつ(い) ショ	暑	ば ジョウ	場	つめ(たい) ひ(やす) さ(める) レイ	冷
続く（つづく） 続ける（つづける）	continue	時期（じき） 今学期（こんがっき）	term period expect	蒸し暑い（むしあつい）	hot (climate)	場所（ばしょ） 工場（こうじょう）	place scene	冷たい（つめたい） 冷房（れいぼう）	cold (things)

進		比		在		取		宅	
すす(む) シン	進	くら(べる) ヒ	比	ザイ	在	と(る) シュ	取	タク	宅
進む（すすむ）	proceed advance	比べる（くらべる）	compare	現在（げんざい）	exist be located	取り外し（とりはずし）	get hold acquire	住宅（じゅうたく）	house home residence

	然		園		公		主	
	ゼン	然	エン	園	コウ	公	おも(な) シュ	主
	自然（しぜん）	(suffix) -state	動物園（どうぶつえん）	garden	公園（こうえん）	public official	主な（おもな） 主人（しゅじん）	chief main owner

育		連		光		竹		昔	
そだ(てる) そだ(つ) イク	育	つ(れる) レン	連	ひか(る) コウ	光	たけ	竹	むかし	昔
育てる 教育	breed raise	連れる	pair link	光る	light rays	竹を取る	bamboo	昔々	antiquity long-ago old-times

伝		断		熱		頼		妻	
つた(える) デン	伝	ことわ(る) ダン	断	あつ(い) ネツ	熱	たの(む) ライ	頼	つま サイ	妻
伝える 伝統	transit legend	断る	cut off decisive reject	熱い 熱心	hot (things)	頼む	rely	妻と子供	wife

迎	配	泣	悲	首
ゲイ むか(える) 迎	ハイ くば(る) 配	な(く) 泣	ヒ かな(しい) 悲	シュ くび 首
迎(むか)える — greet welcome	心配(しんぱい) — supply deliver	泣(な)く — weep cry	悲(かな)しい — sorrow	首(くび)かざり 部首(ぶしゅ) — head neck

残	様	囲	守	許
ザン のこ(る) のこ(す) 残	ヨウ さま 様	イ かこ(む) 囲	シュ まも(る) 守	キョ ゆる(す) 許
残(のこ)す — remain	田中様(たなかさま) 様子(ようす) — appearance Mr. Ms.	囲(かこ)む 周囲(しゅうい) — enclose	守(まも)る — maintain protect	許(ゆる)す — permit approve

初	敗	失	授	留
はじ(め)　ハツ　ショ	やぶ(れる)　ハイ	うしな(う)　シツ	ジュ	リュウ
初めて[はじめて]　最初[さいしょ]	敗れる[やぶれる]　失敗[しっぱい]	失う[うしなう]　失礼[しつれい]	授業[じゅぎょう]　教授[きょうじゅ]	留学[りゅうがく]
begin first	be defeated	lose	give grant	stay detain

当	質	礼	顔	緒
あ(たる)　トウ	しち　シツ	レイ	かお	ショ
当たる[あたる]　本当[ほんとう]	質屋[しちや]　質問[しつもん]	失礼[しつれい]　礼服[れいふく]	変な顔[へんなかお]	一緒[いっしょ]
hit concerned	quality question	bow gratitude ceremony	face	various several

驚		経		興		非		性	
おどろ(く)	驚	ケイ	経	キョウ	興	ヒ	非	セイ	性
驚く（おどろく）	surprise astonish	経験（けいけん）	control pass through	興味（きょうみ）	arise amuse -ment	非常に（ひじょうに）	not non-	性質（せいしつ） 女性（じょせい）	sex quality

士		両		解		暴		乱	
シ	士	リョウ	両	カイ	解	ボウ	暴	ラン	乱
同士（どうし） 武士（ぶし）	man military-man	両親（りょうしん）	both two	理解（りかい）	take-apart dissolve clarify	乱暴（らんぼう）	violent	乱暴（らんぼう）	disorder confusion

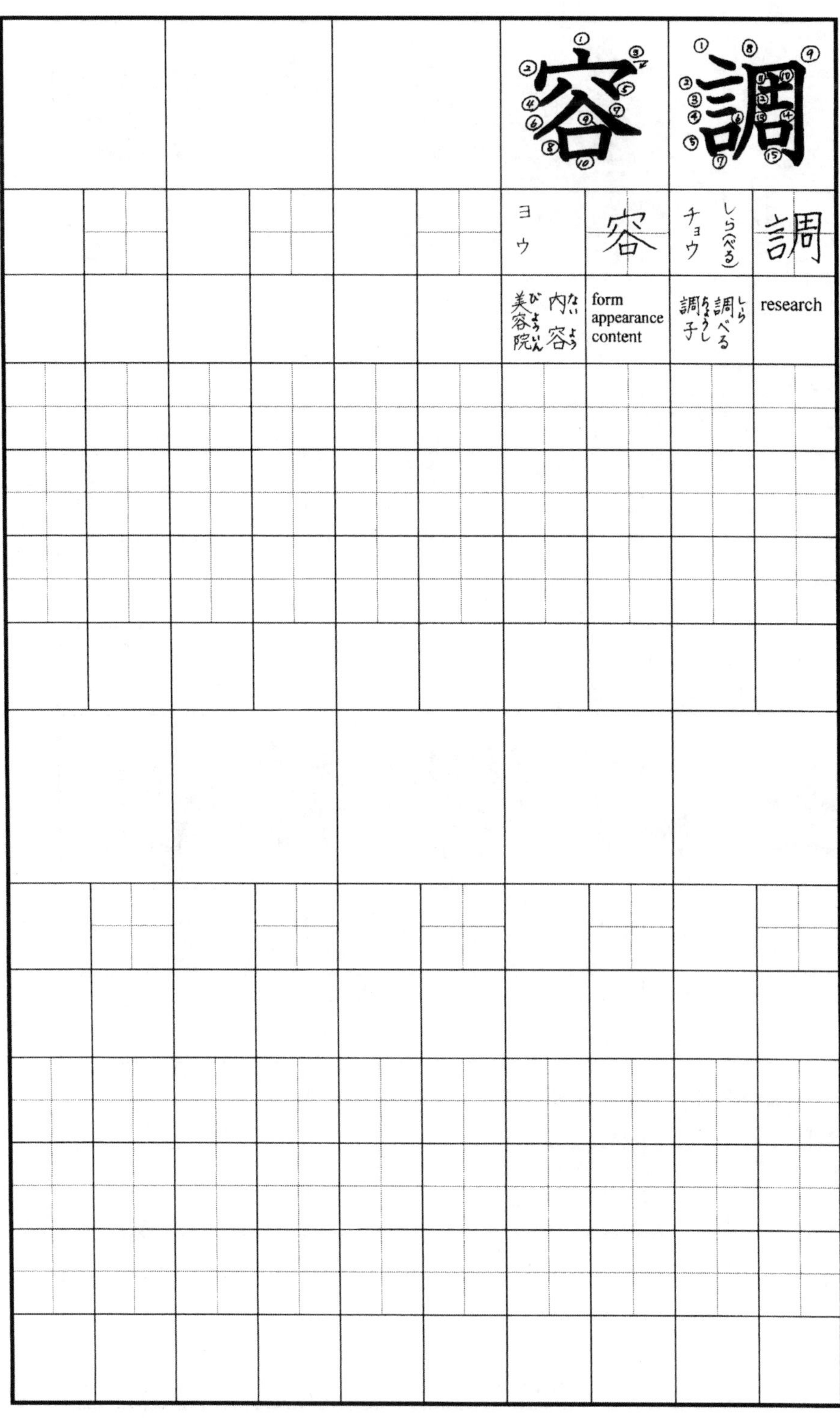
調
容
調
しら(べる)
チョウ
容
ヨウ
research
調べる
しら
調子
ちょうし
form
appearance
content
内容
ないよう
美容院
びよういん

認	豊	詩	亡	愛
ニン / みと(める)	ゆた(か)	シ	ボウ / な(くなる)	アイ
認める（みとめる）	豊かな（ゆたかな）	詩人（しじん） 詩集（ししゅう）	亡くなる（なくなる） 死亡（しぼう）	愛する（あいする） 愛情（あいじょう）
approve admit	plentiful rich	poem	die	love affection

役	農	信	苦	貧
ヤク	ノウ	シン	ク / くる(しい)	ヒン / まず(しい)
役立つ（やくだつ） 役人（やくにん）	農業（のうぎょう） 農村（のうそん）	信じる（しんじる） 信仰（しんこう）	苦しい（くるしい）	貧しい（まずしい）
role duty service	farming agriculture	trust believe	bitter	poor

漢字練習シート

個		求		幸		流		情	
コ	個	キュウ もと(める)	求	コウ しあわ(せ)	幸	リュウ なが(れる)	流	ジョウ	情
個人(こじん) 一個(いっこ)	individual	求める(もとめる) 要求(ようきゅう)	request demand	幸せ(しあわせ) 不幸(ふこう)	good fortune happiness	流れる(ながれる) 交流(こうりゅう)	stream	情熱(じょうねつ) 愛情(あいじょう)	emotion

宇		球		対		得		章	
ウ	宇	キュウ	球	タイ	対	トク え(る)	得	ショウ	章
宇宙(うちゅう)	universe	地球(ちきゅう) 野球(やきゅう)	ball bulb	対する(たいする)	counter against	得る(える)	gain obtain	文章(ぶんしょう) 一章(いっしょう)	chapter

	疲	笑	静	宙
	ヒ　つか(れる)　疲	わら(う)　笑	しず(か)　静	チュウ　宙
	疲労（ひろう）　疲れる（つかれる）　fatigue worn out	笑う（わらう）　laugh smile	静か（しずか）　silent still	宇宙（うちゅう）　space midair

史		歴		独		列		窓	
シ	史	レキ	歴	ドク	独	レツ	列	まど	窓
日本史（にほんし）	history	学歴（がくれき） 歴史（れきし）	career	独特（どくとく）	alone	列車（れっしゃ）	line	窓（まど）	window

箱		般		届		器		遊	
はこ	箱	ハン	般	とど（く）	届	キ うつわ	器	あそ（ぶ） あそ（び）	遊
箱（はこ） 玉手箱（たまてばこ）	box	一般（いっぱん）	general	届く（とどく）	reach	器（うつわ） 楽器（がっき）	container	遊ぶ（あそぶ）	play fun

側		材		類		種		形	
ソク かわ	側	ザイ	材	ルイ	類	シュ たね	種	ケイ かたち	形
右側（みぎがわ）	side	材料（ざいりょう）	material talent	種類（しゅるい）	kind type	種類（しゅるい）	kind sort	形（かたち）	shape

飛		増		捨		黄		緑	
ヒ と(ぶ)	飛	ゾウ ふ(える) ま(す)	増	シャ す(てる)	捨	オウ き	黄	リョク みどり	緑
飛ぶ（とぶ） 飛行機（ひこうき）	fly	増える（ふえる） 増す（ます）	add increase	捨てる（すてる）	discard abandon	黄色（きいろ）	yellow	緑色（みどりいろ）	green

漢字練習シート

機	港	速
機 キ	港 みなと コウ	速 はや(い) ソク
machinery chance	port harbor	speedy
ジェット機（き）	空港（くうこう）	速（はや）い 高速（こうそく）

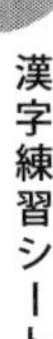

歳		虫		武		将		末	
サイ	歳	チュウ むし	虫	ブ	武	ショウ	将	マツ	末
十八歳（じゅうはっさい）	year age	泣き虫（なきむし）	worm	武器（ぶき） 武士（ぶし）	military warrior	将来（しょうらい）	from-now-on	週末（しゅうまつ）	last part end

技		識		努		由		治	
ギ わざ	技	シキ	識	ド つと(める)	努	ユウ	由	ジ おさ(める)	治
技術（ぎじゅつ）	skill technique art	知識（ちしき）	knowledge recognition	努力（どりょく）	endeavor	理由（りゆう） 自由（じゆう）	course line	政治（せいじ） 治める（おさめる）	govern

漢字練習シート

軍		易		貿		船		術	
グン	軍	エキ やさ(しい)	易	ボウ	貿	セン ふね	船	ジュツ	術
海軍(かいぐん) 将軍(しょうぐん)	military troops team	易しい(やさしい) 貿易(ぼうえき)	simple easy	貿易(ぼうえき)	trade exchange	船(ふね)	ship boat	美術(びじゅつ)	art skill

功		成		争		権		倒	
コウ	功	セイ な(る)	成	ソウ あらそ(う)	争	ケン	権	トウ たお(す) たお(れる)	倒
成功(せいこう)	merit success	成功(せいこう)	form emerge	争う(あらそう)	dispute argue	権力(けんりょく)	power rights	倒す(たおす)	fall down collapse

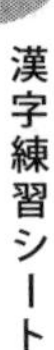

漢字練習シート

誕		夢		望		基		政	
タン	誕	ム　ゆめ	夢	のぞ(む)	望	キ　もと(づく)	基	セイ	政
誕生日（たんじょうび）	be-born	夢（ゆめ）	dream vision	望む（のぞむ）	wish	基本的（きほんてき）	foundation basis	政府（せいふ）	administration

語彙索引

		課
あ	あいさつ	1
	愛する	6
	相手	2
	明けましておめでとう	1
	▲(大声を) あげる	4
	(例を) あげる	7
	アジア大陸	3
	味わう	7
	汗が出る	3
	与える	3
	▲あたし	5
	当たる	3
	▲安土桃山時代	7
	集まる	1
	あまり	4
	アメリカ合衆国	3
	争い	8
	新た (な)	6
	あらたまった	5
	▲あらゆる<雨ニモ>	6
	表す	5
	ありえない	6
	ある日	4
	合わせる	7
	暗殺する	8
	▲あんた	5
い	言い残す	4
	以外に	1
	▲怒る<雨ニモ>	6
	生き物	6
	生きる	1
	▲遺書	6
	以上	1
	▲維新	8
	▲一食分	7
	いったい	7
	いっぱい	復習
	一般的 (な)	1
	一方	3
	▲緯度	3
	いなか	1
	▲稲の束<雨ニモ>	6
	意味する	1
	イメージ	2
	いよいよ	1
	入れ物	7
	祝う	1
	印象	3
う	～上で	7
	植える	3
	(影響を) 受ける	1
	動き	8
	うちの～	2
	宇宙	6
	打つ	1
	▲うっかり	2
	美しい	1
	器	7
	▲(腕を) みがく	8
	うまい	復習
	うまい	5
	うわさ	4
え	影響	1
	(影響を) 受ける	1
	駅弁	7
	江戸	8
	江戸時代	7
	エネルギー	6
	得る	6
お	▲負う<雨ニモ>	6
	大雨	3
	▲大型の～	3
	多くの～	1
	▲(大声を) あげる	4
	大さわぎ	8
	大みそか	1
	▲おかず	7
	▲翁	4
	屋上	3
	行う	1
	治める	8
	[お] 正月	1
	▲お年玉	1
	訪れる	1
	踊る	1
	驚く	5
	おにぎり	7
	▲[お] 墓参り	1
	▲お弁当屋さん	7
	[お] 盆	1
	▲おまえ	5
	主 (な)	2
	思い出	1
	思い通りに	8
	面白いことに	5
	下りる	4
	▲おれ	5
	▲おろおろ<雨ニモ>	6
	▲[ご] 恩	4
	温暖化	3
か	海軍	8
	開国	8
	(～に) 欠かせない	1
	▲輝く	4
	▲かかる	3
	関わる	6
	書き残す	6
	▲覚悟する	6
	各地	7
	学問	8
	▲陰<雨ニモ>	6
	かけぬける	8
	▲かけめぐる	8
	囲む	4
	▲風通し	3
	語る	7
	勝つ	復習

課

▲かつぐ 1
▲合宿 復習
▲かつて 7
活動 復習
活躍する 8
▲活力 6
▲カニ 7
▲鐘 1
金持ち 4
可能性 3
▲カビ 3
かまわない 5
▲茅葺き小屋<雨ニモ> 6
からこそ 7
〜から〜にかけて 1
〜側 3
(〜に) 関係なく 1
観光客 1
▲勘定に入れる<雨ニモ> 6
簡単（な） 1
▲看病する<雨ニモ> 6

き 気温 3
機会 1
気がつく 5
気候 3
技術 8
築く 8
▲季節風 3
▲北国 1
気にする 復習
▲木の実 7
基本的（な） 8
▲休憩時間 7
行事 1
興味深い 5
▲魚介類 7
キリスト教 1
金 4
金色 4
近代 6
近代化 8
▲金の枝 4

く ▲苦にする<雨ニモ> 6
首かざり 4
工夫 3
暮らし 1
暮らす 4
(〜に) 比べて 3
くらべる 4
苦しめる 6

課

▲ぐるりと 4
苦労する 2
▲黒船 8

け 経験 5
敬語 2
芸術的（な） 1
▲毛皮 4
景色 7
下旬 3
結婚式 2
決して〜ない 4
けど 復習
原因 3
▲喧嘩<雨ニモ> 6
言語 5
現在 3
▲研修 2
▲剣術 8
▲幻想的（な） 6
現代 7
▲玄米<雨ニモ> 6
権力争い 8

こ 恋人 1
▲〜合<雨ニモ> 6
▲航海術 8
交換する 復習
高速道路 7
行動する 8
▲幸福 6
▲ごうまん（な） 6
▲項目 8
▲紅葉 1
交流 6
▲こえる 6
氷 1
▲［ご］恩 4
国際的（な） 1
個人 3
〜こそ 7
異なる 3
ことわざ 7
断る 4
この他に 2
好む 7
▲困ったもんだ 5
▲米作り 3
▲小安貝 4
▲コンクリート 3
今後 5

さ ▲サービスエリア 7

課

最後の〜 1
材料 7
作品 1
▲作物 3
▲サケ 7
避ける 8
誘う 復習
作家 6
▲サバ 7
さまざま（な） 1
侍 4
冷める 7
さらに 3
参加する 1
▲山菜 7
▲サンマ 7

し 詩 6
死 6
試合 復習
幸せ 6
JETプログラム 1
(時間が) たつ 4
四季 1
時期 3
死後 6
▲志士 8
詩集 6
▲しずしずと 4
自然 3
舌 7
時代 5
親しむ 7
▲質屋 6
実現する 8
実際に 7
湿度 3
▲じっとしている 3
失敗 5
失礼（な） 5
視点 2
▲次男 8
芝居 7
しばらくして 4
島 3
▲じめじめする 3
▲視野 8
▲〜じゃん 5
自由 8
自由（な） 6
周囲 6

語彙索引

		課
	習慣	1
	宗教	1
	▲十五夜	4
	就職する	2
	住宅	3
	十分（な）	3
	重要（な）	7
	祝日	1
	出席する	2
	出版する	6
	種類	7
	［お］正月	1
	乗客	7
	状況	2
	▲将軍	8
	▲しょうじ	3
	上司	2
	情熱	6
	▲丈夫（な）<雨ニモ>	6
	食文化	7
	女性	5
	▲庶民	7
	▲除夜の鐘	1
	信仰	6
	神社	1
	信じる	1
	人生	6
	新入社員	2
	新年	1
	人物	8
す	すくすく（と）	4
	過ごす	1
	進む	3
	すすめる	8
	進んだ～	8
	捨てがたい	7
	すると	4
せ	▲生家	6
	▲政権	8
	成功する	1
	生前	6
	政府	8
	西洋	1
	世代	5
	節約する	3
	▲せまる	8
	全国	1
	先祖	1
	～全体	3
	先輩	復習

		課
そ	そうした	1
	属する	8
	そこで	3
	▲訴訟<雨ニモ>	6
	育つ	4
	育てる	4
	そっと	4
	その後	7
	そのほか	1
	それぞれの～	1
	それら	1
た	ターミナル	7
	対策	3
	大事に	4
	（～に）対する	6
	代表的（な）	1
	台風	3
	太平洋	3
	倒す	8
	倒れる	8
	高まる	8
	▲タキシード	2
	竹	4
	▲竹やぶ	4
	▲蛸壺	7
	多数の～	6
	たずねる	4
	ただ	4
	（時間が）たつ	4
	▲脱藩	8
	例えば	2
	楽しみ	1
	楽しみにする	復習
	旅	7
	▲旅先	7
	▲玉手箱	7
	だめになる	3
	▲だるま市	7
	誕生する	7
	男性	5
ち	地域	1
	近づく	4
	力	3
	地球	3
	知識	8
	知人	1
	地方	6
	注意する	5
	中央	3
	中旬	3

		課
	（～を）中心に	1
	注文	2
	▲注文の多い料理店	6
	▲彫刻	1
	▲町人	8
つ	ついに	8
	次々と	4
	作り出す	6
	▲つばめ	4
	つまり	1
	つめる	7
	梅雨	3
	つらい	4
	▲つらなる	3
て	ていねい（な）	5
	テーマ	5
	適切（な）	2
	▲～できん	5
	▲デクノボー<雨ニモ>	6
	手帳	6
	鉄	3
	▲鉄道	7
	出てくる	2
	手の届かない	7
	▲手のひら	4
	寺	1
	▲手を結ぶ	8
	店員	2
	伝統的（な）	3
	▲天女	4
	天皇	8
	電力	3
と	どうか	4
	当時	7
	～同士	5
	登場する	7
	とうとう	4
	▲同盟	8
	同僚	2
	▲童話集	6
	（～を）通して	6
	都会	3
	ドキドキする	復習
	時には	4
	▲徳川幕府	8
	読者	6
	特殊（な）	7
	特色	7
	独特の～	1
	年上の人	5

		課
	▲年越しそば	1
	▲土地	7
	▲特急列車	7
	都道府県	3
	(～と) ともに	3
	(～と)ともに	3
	取り入れる	2
	取り外しができる	3
	努力	3
	(～を) 問わず	8
な	内容	5
	仲がいい	2
	▲(涙を) 流す<雨ニモ>	6
	ながめる	7
	▲泣きくずれる	4
	泣き出す	4
	泣き虫	8
	亡くなる	1
	なぜ	2
	名づける	4
	▲など	4
	▲(涙を) 流す<雨ニモ>	6
	並ぶ	3
	▲(実が) なる	4
	慣れる	復習
	南西	3
	▲なんと	4
	南東	3
	なんとかして	4
	何とかする	8
に	(～に) 欠かせない	1
	苦手 (な)	8
	(～に) 関係なく	1
	(～に) 比べて	3
	▲二酸化炭素	3
	二十五分の一	3
	にせ物	4
	(～に) 対する	6
	日常生活	2
	▲担う	8
	日本海	3
	荷物になる	7
	～による	3
ね	ねずみ	4
	熱心 (な)	4
	▲年賀状	1
	年末	1
の	▲野	1
	農村	6
	▲農民	8

		課
	残す	8
	のせる	4
	望む	8
	後の～	7
	▲野原<雨ニモ>	6
	昇る	4
は	生える	3
	▲[お] 墓参り	1
	▲幕末	8
	はげむ	8
	始まり	1
	はずかしい	5
	▲鉢	4
	発見する	7
	▲発想	2
	▲ばったり	2
	発表する	5
	場面	2
	流行る	7
	▲春と修羅	6
	▲藩	8
	番	復習
ひ	▲ヒートアイランド現象	3
	被害	3
	ピカッ	4
	光る	4
	引く	復習
	ひざ	7
	非常に	5
	必要	2
	▲日照り<雨ニモ>	6
	▲一目	4
	▲日々	2
	姫	4
	▲百聞は一見にしかず	7
	表現	2
	広がる	4
ふ	▲フェア	7
	増える	1
	フォーマル (な)	2
	深い	6
	部活	復習
	深まる	1
	武器	8
	服装	2
	ふさわしい	2
	武士	8
	不思議 (な)	4
	▲ふすま	3
	防ぐ	3

		課
	ふた	7
	普通	7
	仏教	1
	増やす	3
	古くから	7
	ブログ	2
	文化	5
	文章	6
へ	平均	3
	別に～ない	5
	減らす	3
	減る	3
	変化	3
	返事	復習
	▲編集する	6
	弁当	7
ほ	貿易	8
	方向	8
	▲方針	8
	▲忘年会	1
	ホーム	7
	僕	復習
	北東	3
	細長い	3
	▲仏さま	4
	ほとんど～ない	6
	[お] 盆	1
ま	▲(水を) まく	3
	▲幕間	7
	▲幕の内弁当	7
	負ける	復習
	▲マス	7
	増す	7
	貧しい	6
	ますます	8
	また	1
	または	1
	間違い	復習
	まったく～ない	5
	▲松の林<雨ニモ>	6
	祭り	1
	まとめる	5
	まとめる	7
	学ぶ	5
	守る	4
	まるで	5
	▲満月	4
み	▲実	4
	見上げる	4
	見送る	4

		課
	▲(腕を) みがく	8
	▲(実が) なる	4
	▲見聞きする<雨ニモ>	6
	▲神輿	1
	▲(水を) まく	3
	▲味噌<雨ニモ>	6
	身近 (な)	2
	認める	6
	▲緑	3
	▲皆	4
	身分	4
	耳にする	2
	▲都	4
	未来	3
	魅力	6
む	迎えの者	4
	迎える	1
	昔話	4
	昔々	4
	蒸し暑い	3
	むしろ	1
	無理 (な)	復習
め	▲名産品	7
	明治時代	7
	恵まれた	6
	メモ	6
	面接	2
も	申し込む	4
	▲もたらす	3
	用いる	7
	最も	3
	求める	6
	もともと	6
	者	4
	物語	4
や	やがて	4
	約〜	3
	役立つ	6
	▲役人	8
	やって来る	4
	やっと	復習
	山登り	2
ゆ	夕食	5
	▲裕福 (な)	6
	雪まつり	1
	豊か (な)	6
	▲ユニフォーム	復習
	▲弓矢	4
	許す	4
よ	ようこそ	1
	様子	4
	▲欲<雨ニモ>	6
	▲世に知られる	6
	読み取る	6
	弱まる	8
ら	乱暴 (な)	5
り	利益	6
	理解する	5
	理想	6
	▲竜	4
	理由	7
	両〜	8
	利用する	1
れ	▲霊	1
	例	5
	▲礼服	2
	冷房	3
	(例を) あげる	7
	列車	7
ろ	▲ロマンチック (な)	1
わ	若者	8
	別れる	1
	ワクワクする	7
	▲わし	5
	わたくし	4
	▲我を忘れる	6
を	(〜を) 中心に	1
	(〜を) 通して	6
	(〜を) 問わず	8

文法項目リスト

復習

I. 一〜も／ひとつも + Negative
II. Question word 〜ても
III. 何〜も／いくつも
IV. 〜ほど + Negative
V. 〜というのは〜のことだ
VI. 〜ことにする／ことにしている
VII. 〜てくる
VIII. 〜といいんですが
IX. 〜に〜てほしい

第一課　行事

I. 〜間に／間
II. 〜という〜
III. 〜にとって
IV. 〜によって
V. 〜は言うまでもなく
VI. 〜とする
VII. 〜わけだ
VIII. 〜のに対して
IX. 〜ことになっている

第二課　敬語

I. 敬語
II. 〜や／とか〜といった
III. 〜より（も）
IV. 〜なんて
V. 〜ことはない
VI. 〜まま
VII. 〜みたい
VIII. 〜わけではない

第三課　気候

I. である体
II. 〜ため（に）
III. 〜ように
IV. 〜ほど／ぐらい
V. 〜ことがある
VI. 〜でも〜でもない／〜くも〜くもない
VII. 〜ということは〜ということである
VIII. 〜ていく
IX. 〜のではないだろうか／んじゃないでしょうか

第四課　昔話

I. 〜と
II. 〜たびに
III. 〜につれ
IV. 〜て〜ぐらい／ほどだ
V. 〜わけにはいかない
VI. 〜ばかり（だ）
VII. どれも／どの〜も + Affirmative
VIII. 〜て行く／来る
IX. 擬音語／擬態語

第五課　言葉と文化

I. 〜ことになる
II. 〜ているところに、〜てくる／くる
III. 〜顔をする
IV. 〜ではなく（て）〜
V. 〜と違って、〜は
VI. 〜なくなった
VII. 〜に驚く

第六課　詩

I. 〜とともに
II. 〜とみなされる
III. 〜により／によって
IV. Compound verbs
V. 〜ばかりで（は）なく、〜も
VI. 〜らしい
VII. 〜さえ
VIII. 〜がる

第七課　食文化

I. 〜として
II. 〜を始め（として）
III. 〜がち
IV. 〜ものだ
V. 〜おかげで
VI. 〜きれない
VII. 〜にちがいない

第八課　歴史

I. 〜まで
II. 〜ほど〜はない／いない
III. 〜つつある
IV. 〜という点で
V. 〜うちに
VI. 〜べきだ

あとがき

本教科書に掲載する記事、文学作品、写真、そして画像の使用を許可してくださった皆様に心よりお礼を申し上げます。

著作権に関しましては所有者と連絡するようにあらゆる努力を尽くしました。不注意で見逃した場合がありましたら、出版者の方で迅速に対応いたします。

L1. 行事

炭坑節踊り方実演　協力・日本舞踏家　石川流瀧田美成氏

炭坑節踊り方イラスト　田川市石炭・歴史博物館 福本寛

田川市炭坑節　田川市石炭・歴史博物館

http://www.joho.tagawa.fukuoka.jp/tankoubushi/page_130.html?type=top

炭坑節の踊り紹介

Youtube: http://www.youtube.com/watch?v=7UWGPbkJLJI&fmt=22

L3. 気候

素敵な宇宙船地球号　[第４７０回]　朝日放送　2007年３月２５日放送

「さくら線異状あり」?日本から"春"が消える日！？？

http://www.tv-asahi.co.jp/earth/contents/osarai/0480/

外務省世界いろいろ雑学ランキング

http://www.mofa.go.jp/Mofaj/world/ranking/index.html

クイズで楽しもうビックリ！意外日本地理（宇田川勝司・草思社）

ISBN-10: 4794216289

L5. 言葉と文化

「贈りものをする時の言葉」 本田弘之 杏林大学

http://www.tjf.or.jp/hidamari/3_migakou/manabikata05.html

ビューティフルライフ DVD画像 ©TBS DVD Beautiful Life 発売元TBS 販売元パイオニアLDC株式会社

L6. 詩

宮澤賢治画像　©㈱林風舎
高村光太郎・智恵子画像　©高村規写真事務所
雨にも負けず（写真宮沢賢治記念館）　©(財)宮沢賢治記念会
川崎洋「たんぽぽ」 学図２上　©学校図書
こころみの授業　（川崎洋　「たんぽぽ」）
　http://sun.ap.teacup.com/ronri/15.html
星野富弘「たんぽぽ」『星野富弘全集』　©学研ホールディングス
高村光太郎「あどけない話」　©新潮社
春が来た（作詞：高野辰之 1876–1947　作曲：岡野貞一 1878–1941）
うみ（作詞：林柳波 1892–1974　作曲：井上武士）
ちいさい秋みつけた（作詞：サトウハチロー 1903–1973　作曲：中田喜直 1923–2000）
雪（作詞・作曲者不詳）

L7. 食文化

だるま弁当画像　　　　　©高崎弁当株式会社
ひっぱりだこ飯画像　　　©（株）淡路屋

L8. 歴史

『まんが日本の歴史マンガ日本の歴史42～倒幕、世直し、御一新』
　作画：石ノ森章太郎
　原案：青木美智男、シナリオ：仲倉重郎、中央公論新社、66～69ページ
　©（株）石森章太郎プロ　1998
坂本龍馬ほか画像 ©高知県立坂本龍馬記念館
黒船来襲画像　「黒船来航風俗絵巻」の場面14　©埼玉県立歴史と民族の博物館
福沢諭吉　「福沢先生若き日本に西洋文明を教ふ」 北沢楽天・画
　©早稲田大学図書館・特別資料室

参考文献

L1. 行事

http://www6.ocn.ne.jp/~iwt-izmi/histry-wanko/wanko.html
http://www.odette.or.jp/virtual/men/html/wankosoba/index.htm
http://www.odette.or.jp/virtual/men/html/wankosoba/hist.htm
http://www.odette.or.jp/citykankou/ka_c_ea_i5/ka_c_ea_i5.html
http://www.odette.or.jp/virtual/men/html/wankosoba/eat.htm
http://encyclopaedicnet.com/japan/a_/a_a_a_a_a__1471.html
http://ja.wikipedia.org/wiki/わんこそば
http://www.odette.or.jp/citykankou/ka_c_ev_wa_i/ka_c_ev_wa_i.html

L3. 気候

http://www.gwarming.com/link/weather.html
http://www.ryuukyuu.com/kikou/
http://www.tohkatsu.or.jp/user/aiueoscl/EJUAIS/tiri/q1.html
http://ja.wikipedia.org/wiki/日本の地理#.E6.B0.97.E5.80.99

L4. 昔話

Taketori monogatari/Hoshi Shinichi yaku. Tokyo:Kadokawa Shoten, Showa 62 [1987]
Taketori monogatari hyokai/Mitani Eiichi cho. Tokyo: Yuseido, Showa 31 [1956]
Taketori monogatari hyoshaku/Oka Kazuo cho. Tokyo: Tokyodo, Showa 33 [1958]
『日本昔ばなし全集』 生活シリーズ185　主婦と生活 1992

L6. 詩

http://www.kenji-world.net/who/who.html

L7. 食文化

小林しのぶ 『「駅弁」 知る、食べる、選ぶ』 マイロネBOOKS 2002
林順信・小林しのぶ 『駅弁学講座』 集英社新書 2000
http://ekibento.jp/ekiben-study.htm
http://www.alc.co.jp/jpn/teacher/gimon/170.html
http://www.med.or.jp/komichi/food/foodSto_07.html
http://ekispablog.jp/archives/2006/12/post_3.html
http://biz.travel.yahoo.co.jp/special/02/index.html
http://www.kyoushou.co.jp/soraben/index.html
http://www.page.sannet.ne.jp/touzin/ekiben.html
http://www.i-bookcenter.com/special/005.html
http://ja.wikipedia.org/wiki/駅弁
http://www.awajiya.co.jp/prod/prod_18.htm

L8. 歴史

石川晶康 『石川晶康の日本史 結論！日本史 近現代＆テーマ史編 2』 学習研究社 2000
井上勲 編 『日本の時代史 20 明治維新と文明開化』 吉川弘文館 2004
井上勝生 『幕末維新論集 開国』 吉川弘文館 2001
井上清 『井上清史論集1 明治維新』 岩波書店 2003
加来耕三 『勝海舟と坂本龍馬』 学研M文庫 2001
小西四郎 『開国と攘夷 日本の歴史19』 中央文庫 2006
司馬遼太郎 『竜馬がゆく』第1巻〜八巻 文春文庫 1975
武光誠 『3日でわかる幕末維新』 ダイヤモンド社 2001
田中彰 『明治維新』 日本の歴史7 岩波ジュニア新書 岩波書店 2000
筑波常治 『堂々日本人物史16 戦国・幕末編 西郷隆盛』 国土社 1999
筑波常治 『堂々日本人物史18 戦国・幕末編 坂本竜馬』 国土社 1999
筑波常治 『堂々日本人物史19 戦国・幕末編 徳川慶喜』 国土社 1999
筑波常治 『堂々日本人物史20 戦国・幕末編 高杉晋作』 国土社 1999
中村彰彦 『幕末入門』 中央公論 2003
永井道夫・M ウルティア編 『明治維新』 国際連合大学 1986
林竹二 『林竹二著作集 第V巻 開国をめぐって』 筑摩書房 1984
松尾正人 編 『日本の時代史 21 明治維新と文明開化』 吉川弘文館 2004

http://ja.wikipedia.org/wiki/勝海舟
http://ja.wikipedia.org/wiki/%E6%B5%B7%E6%8F%B4%E9%9A%8A_(%E6%B5%AA%E5%A3%AB%E7%B5%90%E7%A4%BE)
http://www.yurindo.co.jp/yurin/back/426_kenbutsu.html
http://kajipon.sakura.ne.jp/kt/haka-topic6.html

PGIL2023USA